Dietger Feiks/Ella Krauß

AF704531

Klett Sicher in Deutsch

Rechtschreibung 5./6. Klasse

Alles zum Thema Rechtschreibung

Klett Lerntraining

Hinweis:
Zu diesem Buch gehören Online-Tests unter
www.klasse5bis10.klett-lerntraining.de.
Der Zugang zu den Online-Abschlusstests ist bis drei Jahre nach Ersterscheinen des Buches gewährleistet.

Dieses Werk basiert in Teilen auf 978-3-12-927408-8.

Bibliografische Information der Deutschen Nationalbibliothek
Die Deutsche Nationalbibliothek verzeichnet diese Publikation in der Deutschen Nationalbibliografie; detaillierte bibliografische Daten sind im Internet über http://dnb.dnb.de abrufbar.

Dieses Werk folgt der gültigen Rechtschreibung und Zeichensetzung. Ausnahmen bilden Texte, bei denen künstlerische, philologische oder lizenzrechtliche oder andere Gründe einer Änderung entgegenstehen.

Das Werk und seine Teile sind urheberrechtlich geschützt. Jede Nutzung in anderen als den gesetzlich zugelassenen Fällen bedarf der vorherigen schriftlichen Einwilligung des Verlages. Hinweis zu § 60a UrhG: Weder das Werk noch seine Teile dürfen ohne eine solche Einwilligung eingescannt und in ein Netzwerk eingestellt werden. Dies gilt auch für Intranets von Schulen und sonstigen Bildungseinrichtungen. Fotomechanische Wiedergabe nur mit Genehmigung des Verlages.

6. Auflage 2025

© PONS Langenscheidt GmbH, Stöckachstraße 11, 70190 Stuttgart 2022
Alle Rechte vorbehalten.
www.klett-lerntraining.de/kontakt
Cover: Rücken Shutterstock (Sazhnieva Oksana), New York; U1/U4 Getty Images (pixdeluxe), München
Redaktion: Elke Hufnagel, Berlin
Satz: DTP-Studio Andrea Eckhardt, Göppingen
Druck: Multiprint Ltd., Kostinbrod
Printed in Bulgaria
ISBN 978-3-12-927607-5

Inhaltsverzeichnis

So übst du mit diesem Buch

Liebe Schülerin, lieber Schüler,

du möchtest sicher in der deutschen Rechtschreibung werden? Dann ist dieses Buch genau das richtige Übungsbuch für dich! Es hilft dir dabei, alle **wichtigen Themen** der deutschen Rechtschreibung zu wiederholen und zu üben. Gehe so vor:

Schritt 1

Suche aus dem Inhaltsverzeichnis das **Thema heraus**, das du wiederholen möchtest.

Schritt 2

Lies das **Merkwissen** im Kasten **durch**. Dort steht alles, was du zu diesem Thema wissen und können solltest.

Schritt 3

Jetzt kannst du mit den vielen unterschiedlichen **Aufgaben üben**. Einige Aufgaben lassen sich aus Platzgründen nicht im Buch lösen – lege dir dafür Papier bereit.

Schritt 4

Vergleiche deine Antworten mit den **Lösungen** hinten im Buch.

Schritt 5

Wenn du ein Kapitel abgeschlossen hast, kannst du dich mit dem **Abschlusstest online testen.** Die Ergebnisse aus dem Test kannst du in die Tabelle am Kapitelende übertragen. So behältst du immer den Überblick.

So funktioniert der Abschlusstest online

Gehe auf www.klett-lerntraining.de/4Y7S.

Du erhältst eine Übersicht über alle Kapitel und darunter alle verfügbaren Abschlusstests.
Wähle einen passenden Test aus und bearbeite die Aufgaben.

Du kannst alle Online-Tests mit und ohne Anmeldung nutzen.
Bitte beachte: Wenn du dich nicht anmeldest, kann dein Lernstand in den Tests **nicht gespeichert** werden.

Eine Anmeldung ist nur möglich, wenn du dich vorher bei uns registriert hast. Dafür musst du dir einen Benutzernamen und ein Passwort ausdenken und deine E-Mail-Adresse angeben. Dann erhältst du einen Aktivierungslink per E-Mail.

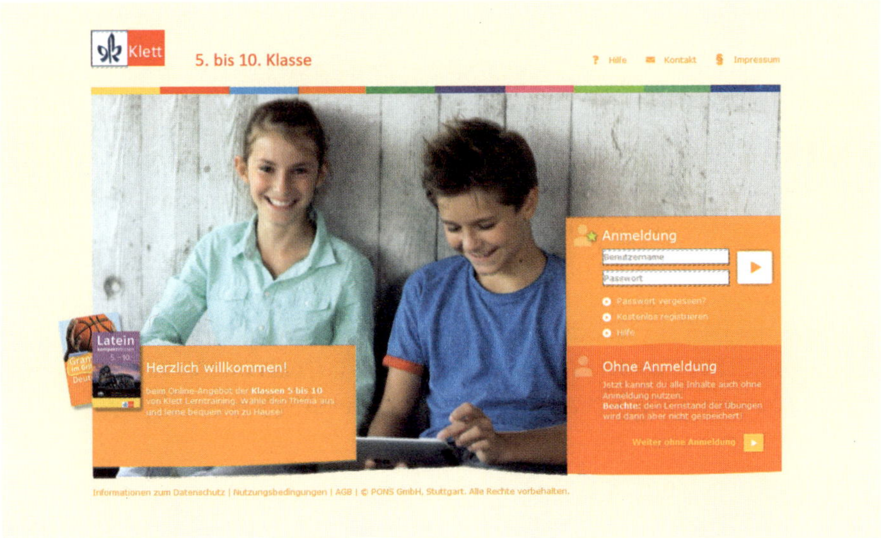

Informationen zu Registrierung und Anmeldung findest du immer unter „**Hilfe**" in unserem Lernportal www.klasse5bis10.klett-lerntraining.de.

Viel Erfolg wünschen dir die Autoren und das Team von Klett-Lerntraining

Lerntipps

Ziele setzen: Was willst du erreichen?

Du hast sicher schon gemerkt, dass du leichter lernst, wenn dir eine Sache Spaß macht. Du weißt aber auch, dass Lernen nicht immer nur Spaß macht. Manchmal musst du dich überwinden.
Vielleicht versuchst du, dich vor dem Lernen zu drücken und zwischen dem Entschluss zu lernen und dem tatsächlichen Beginn geht dann viel Zeit verloren.
Lässt du dich ablenken? Durch Musik oder ein Gespräch, durch das Handy oder den Computer, durch ein Ereignis auf der Straße usw.?
Beobachte, wie viel Zeit vom Entschluss zu lernen bis zum tatsächlichen Beginn vergeht. Je schneller du loslegst, umso rascher kannst du zum gewünschten Erfolg kommen.
Sobald du das selbst gesteckte Ziel erreicht hast und mit deinem Ergebnis zufrieden sein kannst, solltest du dich belohnen.

Dein Arbeitsplatz

Du solltest dich an deinem Arbeitsplatz wohlfühlen. Bestimmt kannst du den Raum und/oder den (Schreib-)tisch so gestalten, dass du dich gern dort aufhältst.
Entferne alles, was dich vom Lernen abhalten könnte. Alles was du brauchst, wie z.B. Bleistift, Radiergummi, Lineal und Farbstifte, sollten griffbereit sein, und zwar auf dem Schreibtisch selbst oder in einem Regal in der Nähe. Ein ungeordneter Schreibtisch lenkt ab! Es sollte nur das, was du für die anstehende Aufgabe gerade wirklich brauchst, auf dem Arbeitstisch liegen.

Ohne Konzentration geht es nicht

Du wirst beim Üben nur erfolgreich sein, wenn du dieser Tätigkeit deine ungeteilte Aufmerksamkeit widmest. Das heißt, du musst dich voll auf die Sache konzentrieren.
Bedenke auch, dass nicht jede Tageszeit für konzentriertes Arbeiten für jeden Menschen gleich gut geeignet ist. Probiere für dich selbst aus, wann du am besten lernen kannst.

Überprüfe alles, was du schreibst und berichtige sinnvoll

Ohne Überprüfung können Fehler nicht entdeckt werden. Das ist beim Rechtschreiben besonders schlimm, denn ohne Überprüfung könntest du dir falsche Schreibweisen einprägen.
Damit das nicht passiert, musst du Fehler sinnvoll berichtigen und das falsch Geschriebene wiederholt richtig schreiben.

Denke dir dazu Verbesserungsübungen selbst aus. Folgende Beispiele können dir helfen:

1. Beispiel:
Du hast **Fährmann** falsch geschrieben, z. B. das **h** vergessen.
Nun suchst du und schreibst in diesem Fall weitere Wörter mit der Stammsilbe **fahr** und **fähr** auf:

Fahrwerk, fahren, Fährte, Gefährt, Fahrwasser, ausfahren, er fährt.

Diese Wörter benutzt du nun in Sätzen:

Der Fährmann fuhr über den stürmischen See. ...

2. Beispiel:
Du hast **folgsam** falsch geschrieben, z. B. ein **h** bei -sam eingefügt.
Nun suchst du weitere Wörter mit der Nachsilbe **-sam**:

erholsam, biegsam, anschmiegsam, geruhsam, furchtsam, schweigsam.
Der Spaziergang ist sehr erholsam.

3. Beispiel:
Stellst du fest, dass du immer wieder die gleichen Wörter falsch schreibst, kannst du dir auch eine **Karteikartenbox** anlegen.
Schreibe deine „Problemwörter“ auf die Kärtchen und wiederhole deren Schreibung immer wieder, bis du dir die richtige Schreibung eingeprägt hast.

Wenn du diese Tipps beachtest, wirst du schon bald weniger Rechtschreibfehler machen.

1 Lang gesprochene Vokale

1.1 Kennzeichnung lang gesprochener Vokale

Das wird auch als Dehnung (lang ausgesprochen) und Schärfung (kurz ausgesprochen) bezeichnet.

Die Vokale **a**, **e**, **i**, **o**, **u** und die Umlaute **ä**, **ö** und **ü** können lang oder kurz gesprochen werden. Das **a** in *Ratte* z. B. wird kurz gesprochen, das **a** in *raten* hingegen wird lang gesprochen.
Die Schreibung der nachfolgenden Buchstaben richtet sich nach der Kürze oder Länge des vorangehenden Vokals.

Wenn man also hört, ob der Vokal lang oder kurz gesprochen wird, kann man in vielen Fällen schon Rückschlüsse auf die weitere Schreibung des Wortes ziehen.

Kennzeichnung lang gesprochener Vokale

Lang gesprochene Vokale können verschieden gekennzeichnet sein:

- durch die Verdoppelung des Vokals (aa, ee, oo),
- durch die Kennzeichnung mit h (ah, eh, ih, oh, uh, äh, öh, üh),
- ohne besondere Kennzeichnung (z. B. Vogel),
- beim i-Laut durch die Kennzeichnung mit e (ie).

Weil die Kennzeichnung geschriebener Vokale in der deutschen Sprache so verschieden ist, musst du die unterschiedlichen Schreibweisen einzeln lernen und üben.
Dabei helfen dir die folgenden Seiten.

Aufgabe 1

Unterstreiche die lang gesprochenen Vokale in den Wortpaaren mit einem Unterstrich und die kurz gesprochenen mit einem Punkt.

Gramm – Gram	Stiel – still	eben – Ebbe
Hüte – Hütte	füllen – fühlen	irre – ihre
Hof – hoffen	stehlen – stellen	quieken – erquicken
kann – Kahn	satt – Saat	Barren – Bahre
Ruhm – Rum	Staat – statt	Hölle – Höhle
innen – ihnen	alle – Aale	beten – Betten
wir – wirr	lahm – Lamm	Ratte – raten

Aufgabe 2

Die angegebenen Wörter haben alle einen lang gesprochenen Vokal. Ordne sie in die Tabelle ein.

Märchen, Zahl, Rad, ihnen, rötlich, führen, südlich, sieden, Fähre, Ruhm, Meer, Eigentum, Lohn, Dame, Verkehr, bemoost, Wut, Stil, Söhne, dir, Ofen, Waage, sagen, verwöhnen, Biene.

a, e, i, o, u, ä, ö, ü	
aa, ee, oo	
ah, eh, ih, oh, uh, äh, öh, üh	
ie	

Aufgabe 3

Ergänze die Wörter mit entgegengesetzter Bedeutung.

böse	– l_____b	streiten	– vers_____nen
Sonne	– R_____gen	breit	– schm_____l
sauer	– s_____ß	das sein	– f_____len
weniger	– m_____r	Zwerg	– R_____se
schnell	– langs_____m	voll	– l r
hoch	– t_____f	geben	– n_____men
hässlich	– sch_____n	senkrecht	– w_____gerecht

Aufgabe 4

Lies das Horoskop laut und deutlich. Ordne dann die Wörter mit lang gesprochenem Vokal nach ihrer Kennzeichnung.

- Wörter ohne besondere Kennzeichnung (a, e, o, u)
- Wörter mit eingeschobenem h (ah, eh, oh, uh, äh, öh, üh)
- Wörter mit Verdoppelung von aa, ee, oo

Waage (24.9. bis 23.10.)
Bald wirst du ein paar schöne Tage erleben. Wenn du in dieser Zeit an die See fährst, nutze die Gelegenheit zu einer Kahn- oder Bootsfahrt. Bleibe aber vorsichtig, denn Übermut tut selten gut!

Skorpion (24.10. bis 22.11.)
Nimm das Leben von der heiteren Seite und verscheuche trübe Gedanken. Lass die Seele baumeln und verwöhne dich nach den Enttäuschungen der letzten Zeit mit schönen Dingen!

Schütze (23.11. bis 21.12.)
In der nächsten Zeit kannst du das große Los ziehen. Leichtsinn wäre aber gefährlich und könnte dein Glück beenden. Lass dich durch deine Freunde nicht zu unüberlegtem Tun verführen!

Steinbock (22.12. bis 20.1.)
Bald steht Streit ins Haus. Behalte einen kühlen Kopf und versöhne dich so bald wie möglich. Nur so wirst du der Überlegene bleiben!

1.2 Durch Verdoppelung gekennzeichnete lange Vokale

Verdoppelung nach lang gesprochenem Vokal

Es gibt Wörter, in denen die lang gesprochenen Vokale **a**, **e** und **o** durch die Verdoppelungen aa, ee oder oo gekennzeichnet sind.

aa: Aal, Aas, Haar, paar, Paar, Saal, Saat, Staat, Waage

ee: Beere, Beet, Fee, Heer, Klee, scheel, Schnee, See, Seele, Speer, Tee, Teer
dazu **Fremdwörter mit ee im Wortausgang**:
Armee, Idee, Kaffee, Klischee, Tournee, Püree

oo: Boot, doof, Moor, Moos, Zoo

Aufgabe 5

Setze die Wörter zusammen und schreibe sie auf.

Eltern – hufer
Paar / paar
Ehe – lauf

Haupt – tracht
Haar / haar
Bart – farbe

Winter – getreide
Saat / saat
Zwischen – beet

König(s) – ordner
Saal / saal
Tanz – tür

Fluss – suppe
Aal / aal
See – fang

Ameisen – (s)bahn
Staat / staat
Insel – (s)besuch

1

Aufgabe 6

Suche die Wörter mit aa und ä im Wörterversteck. Umrahme sie mit einem Farbstift und schreibe sie anschließend auf.

O	S	Ä	L	E	Y	I	G
P	Ä	R	C	H	E	N	L
X	M	O	L	I	N	F	R
W	A	X	P	S	Ä	E	N
A	N	N	A	F	X	H	S
A	N	I	A	A	S	K	A
G	Q	S	R	I	L	J	A
E	I	S	S	T	A	A	T

Aufgabe 7

Hier ist etwas durcheinandergeraten. Schreibe die Wörter richtig auf.

Meerfass

Märchenbeere

Kaffeespitze

Lorbeersalz

Bodenfee

Speerglas

Teerblatt

Erdsee

Geleesieb

Aufgabe 8

Löse das Rätsel.

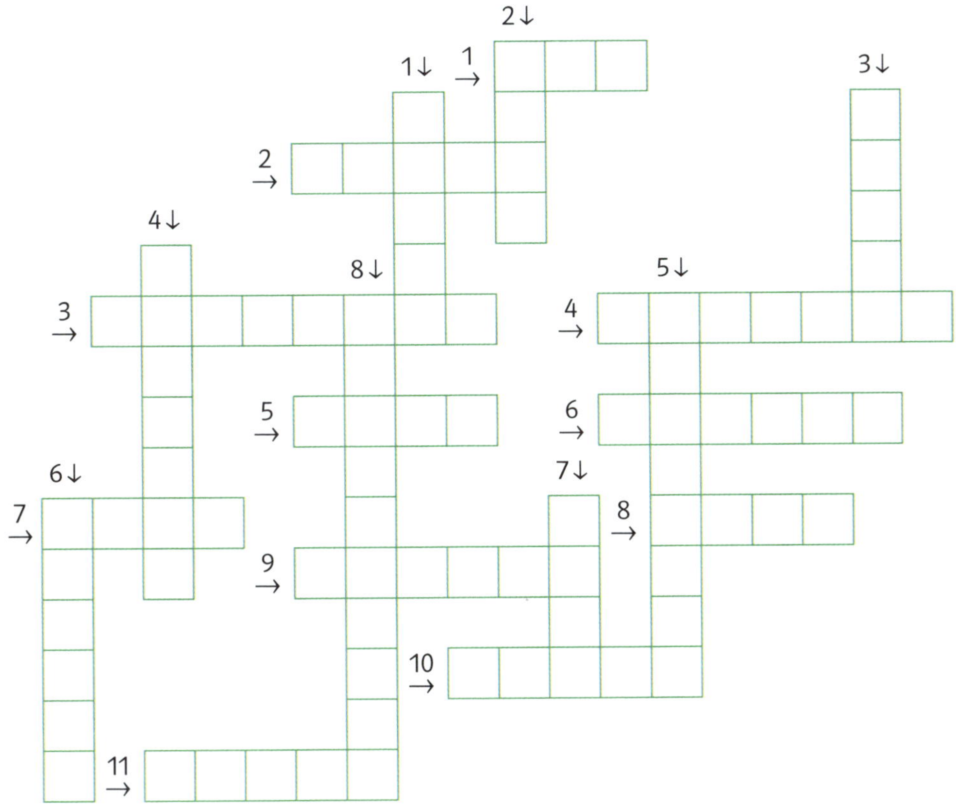

Waagerecht:

1 Getränk
2 eingedickter Fruchtsaft
3 Wasserfläche zwischen Deutschland, Österreich und der Schweiz
4 immergrüner Strauch
5 etwas ohne Inhalt ist …
6 zu Kristallen gefrorene Wassertropfen
7 kleines Feld mit Blumen
8 Gedanke, Einfall
9 Lauchgemüse
10 Kartoffelbrei
11 Wurfspieß

Senkrecht:

1 mit Bäumen gesäumte Straße
2 Straßenbelag
3 Streitmacht eines Landes
4 islamisches Gotteshaus
5 Blütenpflanze aus den Tropen
6 Früchte an Sträuchern
7 große Wassermenge auf der Erde
8 geistlicher Betreuer

1.3 Lang gesprochene Vokale mit eingeschobenem h

Wird ein Vokal lang gesprochen, wird er oft durch ein Dehnungs-h kenntlich gemacht.

- **Silbenfugen-h**
  Das Silbenfugen-h wird eingefügt, wenn auf einen lang gesprochenen Vokal ein anderer kurz gesprochener Vokal folgt. Das Silbenfugen-h kannst du hören, denn es wird mitgesprochen.
  › drohen, Krähe, Höhe

  Wenn du ein Wort mit einem silbentrennenden h trennen möchtest, kommt das Dehnungs-h als erster Buchstabe auf die neue Zeile.
  › dro-hen, Krä-he, Hö-he

- **Dehnungs-h vor l, m, n oder r**
  Wenn nach einem langen Vokal einer der Konsonanten l, m, n oder r folgt, wird meistens ein Dehnungs-h eingefügt. Das Dehnungs-h wird nicht mitgesprochen, du kannst es also nicht hören.
  › lahm, Huhn, Uhr, Befehl

  Ein Wort mit Dehnungs-h trennst du nach dem h.
  › wäh-len, rüh-ren, Eh-re

- **Beibehaltung des h im Wortstamm**
  Das h eines Wortstammes bleibt auch dann erhalten, wenn sich die Form des Wortes ändert.
  › Befehl – befehlen – befohlen; sehen – sieht – gesehen

Aufgabe 9

Lies die Wörter laut. Unterstreiche Wörter, bei denen das h mitgesprochen wird.

Fohlen, blühen, zähmen, nahen, bekehren, Hühner, drohen, fähig, kühl, hohl, Krähe, wiehern, besohlen, ziehen, rühmen, verrühren, leihen, bemühen, Köhler, ausführlich, verzeihen, Ehre, belehren, früher, Ruhe, drehen, Schuhe

Aufgabe 10

Lies die folgenden Wörter laut vor und achte darauf, ob das h mitgesprochen wird oder stumm ist. Trenne die Wörter anschließend an der richtigen Stelle und schreibe sie auf.

Fohlen: *Foh-len*

fahren:	______	Truhe:	______
leihen:	______	zahlen:	______
Nähe:	______	gehen:	______
Hühner:	______	rühren:	______
Mühe:	______	Höhle:	______

Aufgabe 11

Ergänze die gesuchten Wörter.

fahren:	du *fährst*	– wir sind ______
zählen:	er ______	– sie haben ______
wiehern:	es ______	– es hat ______
gehen:	wir ______	– ihr ______
leihen:	du ______	– sie haben ______

Aufgabe 12

Ergänze die Lücken.

früh: der ______ ling – ein ______ aufsteher

kühl: ______ er – am ______

nah: ______ er – eine ______ aufnahme

Aufgabe 13

Finde Reimwörter und schreibe sie auf.

Bahn	**kahl**	**lahm**
H ______	Pf ______	R ______
K ______	W ______	z ______
Z ______	Z ______	

fahren	**mahlen**	**lähmen**
verw ______	pr ______	z ______
aufb ______	str ______	
	z ______	

wählen	**ernähren**	**erwähnen**
verm ______	gew ______	g ______
st ______	verj ______	Str ______

Aufgabe 14

Schreibe ein Wort unter das andere. Ändere jeweils nur den angegebenen Buchstaben. Bei richtiger Lösung muss das letzte Wort mehr heißen.

M	o	h	n
L			
S			
H			
	u		
	a		
W			
			l
	o		
h			
K			
k	a		
Z			
f			
St			
Pf			
M			
	e		
m			r

Aufgabe 15

Mit den Wortbausteinen kannst du Wörter bilden. Finde möglichst viele und schreibe sie auf.

ein	be	zahl	en	bar	e
an	er	zähl		ig	er
auf	un			los	in
aus					ung
ab					

Aufgabe 16

Im Buchstaben-Irrgarten haben sich zehn Wörter versteckt. Folge immer den Wegen auf dem Plan rechts und du findest sie. Schreibe die Wörter auf.

E	B	F	Ü	H	L	E
R	L	E	N	S	T	R
Ü	H	K	Ü	H	U	H
H	Ü	Ü	S	L	E	L
M	W	H	R	U	N	L
T	R	N	M	H	H	E
A	E	E	N	H	U	H
U	Z	B	Ü	H	N	N
F	R	U	H	R	E	E

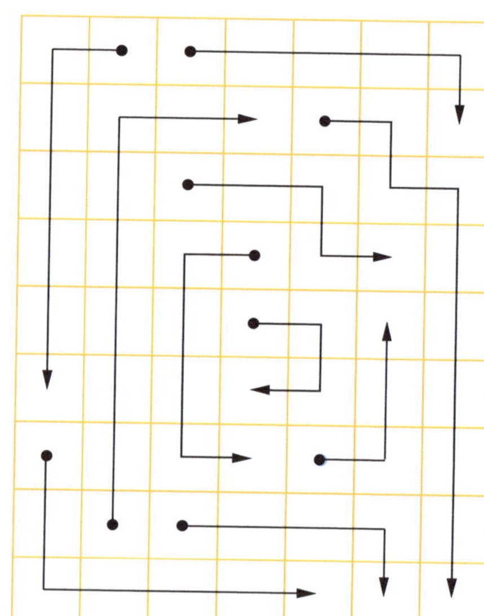

Aufgabe 17

Fülle die Wortpyramide aus.

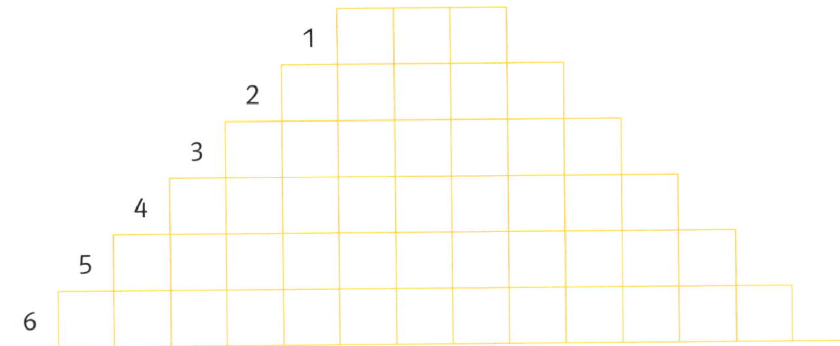

1 Zeitmesser
2 Gerät zum Zerkleinern von Getreidekörnern oder Kaffeebohnen
3 jemand ist bekannt und geehrt/prominent, er ist …
4 mit dem Hund spazieren gehen, den Hund …
5 Fußbekleidung für Wanderungen
6 Volksfest in der Jahreszeit, die am 21. März beginnt

Aufgabe 18

Kombiniere die Wortbausteine zu neuen Wörtern.

auf-, aus-, aber-, un-, durch-, ver-, unter-, vor-, ein-, an-

führ

ung, er, isch, bar, in, los, lich, keit

verführbar, ______________________

____

____

____

____

1.4 Lang gesprochene Vokale ohne besondere Kennzeichnung

Manche Vokale, die lang gesprochen werden, werden im Deutschen nicht gekennzeichnet.

› dir, mir, wir, er gibt, Tiger, Igel, Biber, Nische, Bibel, holen, malen, Muse …

Aufgabe 19

Trage die Reimwörter ein.

Vase	**plagen**
N ____________	j ____________
B ____________	w ____________

Schnaken	**haben**
L ____________	R ____________
qu ____________	l ____________

Aufgabe 20

Löse das Rätsel.

1					
2		E		E	
3			G		
4		E		E	
5					

1 Dunst

2 Gerät zum Kehren

3 oben spitz zulaufender geometrischer Körper

4 Windtuch für Wasserfahrzeuge

5 Tierhaut

Aufgabe 21

Im magischen Kreis haben sich viele Wörter versteckt. Suche mindestens acht Wörter und schreibe sie auf die Linien.

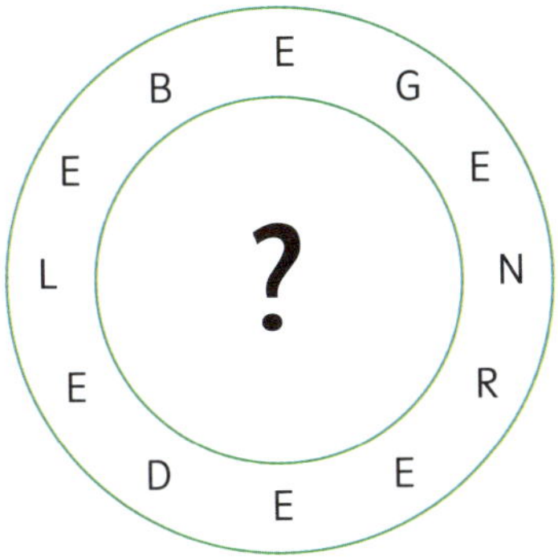

Aufgabe 22

Schreibe die Wörter der folgenden Worttraube heraus.

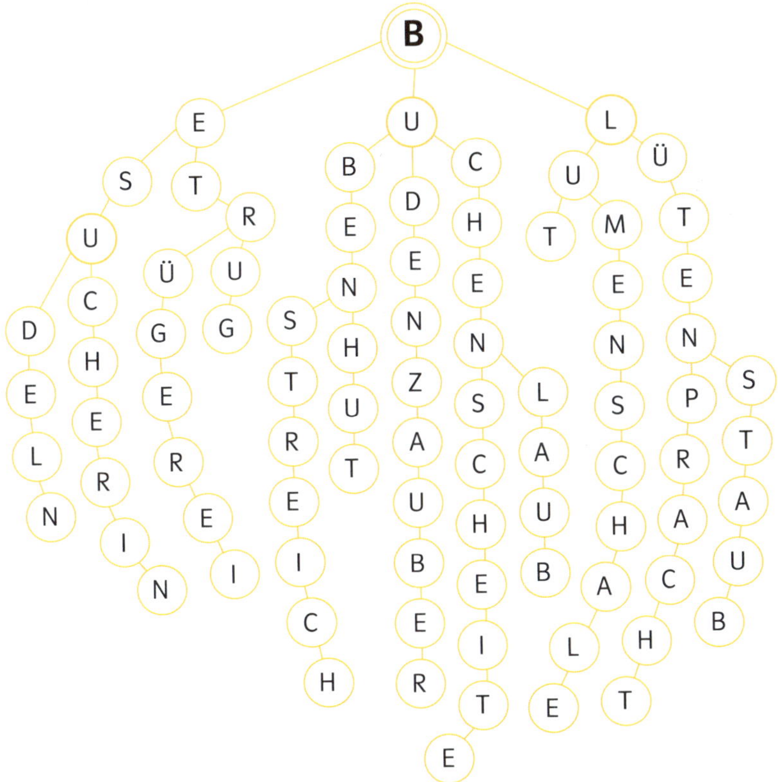

1.5 Stolpersteine I

Gleich gesprochen – unterschiedlich geschrieben

Die folgenden Wörter werden gleich gesprochen; sie werden aber unterschiedlich geschrieben und haben verschiedene Bedeutungen.
Die unterschiedlichen Bedeutungen sind durch die Schreibweisen **a**, **aa** oder **ah** zu erkennen.

ein Denkmal

ein köstliches Mahl

zwei mal fünf

malen

mahlen

Waage

Wagen

Wal

Wahl

Aal – Ahle
Name – Aufnahme
war – wahr

Aufgabe 23

Setze die Wörter aus dem Merkkasten auf der linken Seite an der richtigen Stelle ein. Schreibe den Text zur Übung ab.

Er kaufte im Fischgeschäft einen geräucherten ______________.

Der Schuhmacher bohrt mit seiner ______________ Löcher ins Leder, um nähen zu können.

Zum 80. Geburtstag meiner Großmutter waren viele Leute zum Fest__________ eingeladen.

Auf unserem Marktplatz steht ein Krieger__________________.

Er hat mich gestern drei______________ angerufen.

Alexandra hat ein Mutter______________ am Hals.

Fünf ______________ sieben ist fünfunddreißig.

Der Weingärtner fährt seinen ______________ voller Trauben auf die ______________ an der Kelter.

Bei der Auf______________ des Unfalls schrieben die Polizisten zunächst die ______________ der Unfallbeteiligten auf.

Ob die Schilderung des Unfallhergangs ______________ ist, wird noch geprüft.

Großmutter ______________ ihren Kaffee in einer Handmühle.

Gestern durften wir in der Schule ein Urlaubsbild ______________.

Stefan hat diese Woche zum zweiten ______________ in der Schule gefehlt.

Die Fischer haben einen ______________ gefangen.

Unser Bürgermeister hat die ______________ verloren.

Gleich gesprochen – unterschiedlich geschrieben

Auch diese Wörter werden gleich gesprochen, unterschiedlich geschrieben und haben verschiedene Bedeutungen.

denen – **dehnen**

Heer (Kriegsheer) – **hehr** (heilig, erhaben) – **her** (zu mir herkommen)

leeren – **lehren**

Meer (Weltmeer) – **mehr**

wert – **wehrt** (sich gegen etwas wehren)

Boote

Bote

Bowle

Bohle

hol! – **hohl**

Sole (Salzsole) – **Sohle**

Aufgabe 24

Setze die auf der linken Seite vorgegebenen Wörter an der richtigen Stelle ein. Schreibe den Text zur Übung ab.

Die Briefe werden vom Post______________ gebracht.

Zum Bergrennen hat sich ein ______________ von Zuschauern eingefunden.

Die Welt______________ bedecken zwei Drittel der Erdoberfläche.

Im Hafen ankern viele Segel______________.

Die Maurer legen eine dicke ______________ über den Graben.

In seiner Schuh______________ ist ein Loch.

Die Mülltonne wird von der Müllabfuhr ______________.

Der Lehrer ______________ die Kinder neue Sprachen.

Süßigkeiten schmecken mir so gut, dass ich immer ______________ davon haben will.

Er ______________ sich gegen den Vorwurf, ein Lügner zu sein. Sein guter Ruf ist es ______________, dafür zu kämpfen.

1.6 Kennzeichnung der langen i-Laute

Der lange i-Laut kann auf verschiedene Weisen gekennzeichnet sein, nämlich als **i**, **ie**, **ih** oder **ieh**.

1. Der lang gesprochene Vokal wird als **i** gekennzeichnet:
   - in wenigen einheimischen Wörtern.
     › dir, mir, gib
   - bei eingebürgerten Lehnwörtern.
     › Bibel, Biber, Brise, Fibel, Igel, Liter, Nische, Primel, Tiger …
   - bei Fremdwörtern im Wortinneren.
     › Archiv, Benzin, Margarine, Vitamin …

2. In vielen Wörtern wird der lang gesprochene Vokal als **ie** gekennzeichnet:
   - bei Biene, Brief, biegen, niedrig …
   - bei Wörtern, die mit -ier oder -ieren enden.
     › Klavier, spazieren …
   - bei fremdsprachlichen Wörtern, die mit einem lang gesprochenen i-Laut enden.
     › Biologie, Genie, Lotterie …
   - bei Konjugationsformen von Verben
     › bleiben, ich blieb, du bliebst, wir blieben, geblieben …

3. Das **ih** steht **nur** in folgenden Wörtern: **ihm**, **ihn**, **ihnen**, **ihr**.

4. Das **ieh** begegnet dir nur im Wort **Vieh** oder bei Konjugationsformen von Verben und als silbentrennendes h.
   › stehlen – er stiehlt; fliehen – er flieht

Es gibt leider keine einfache und allgemeingültige Regel, anhand derer man die Ausnahmen vom Normalfall unterscheiden kann. Auch hier muss man sich die Wörter einprägen und im Zweifelsfall auch im Wörterbuch nachschlagen.

Aufgabe 25

Löse das Leiterrätsel.

Wüstenbewohner	B _ _ _ _ _ _
Zupfinstrument	M _ _ _ _ _ _ _ _
pflanzliches Speisefett	M _ _ _ _ _ _ _ _
Süßigkeit	P _ _ _ _ _ _
Südfrucht	A _ _ _ _ _ _ _ _
Salbenfett	V _ _ _ _ _ _ _
Geige	V _ _ _ _ _ _
Speiseraum	K _ _ _ _ _ _
getrocknete Weinbeere	R _ _ _ _ _
Seestreitmacht	M _ _ _ _ _
Geläufigkeit, Übung	R _ _ _ _ _ _
lebenswichtige Stoffe in der Nahrung	V _ _ _ _ _ _ _
verfallenes Bauwerk	R _ _ _ _
Sichtweise	P _ _ _ _ _ _ _ _ _ _
Suppenschüssel	T _ _ _ _ _ _

Die gesuchten Wörter heißen nach dem Alphabet geordnet:

Apfelsine, Beduine, Kantine, Mandoline, Margarine, Marine, Perspektive, Praline, Rosine, Routine, Ruine, Terrine, Vaseline, Violine, Vitamine

Wie heißt das Lösungswort?
Lies dazu das Wort auf der „Leiter" von oben nach unten.

____

WISSEN | ÜBEN | TESTEN

Aufgabe 26

Bilde zusammengesetzte Nomen und schreibe sie auf.

Benzin	Student
Nikotin	Feger
Kapitän(s) →	Kabel
Kamin	Vergiftung
Medizin	Kanister
Liter	Übersetzung
Fibel	Stativ
Tiger	→ Mütze 
Foto	Maß
Mikrofon	Seite
Bibel	Tag
Martin(s)	Fell

Aufgabe 27

Bilde Verben, indem du die Buchstaben wie angegeben veränderst.

z	z		sch		l		b	w	s		st
i	i										
e	e										
r	h	l		b		g				b	r
e	e										
n	n										

Aufgabe 28

Vertausche die Vokale bei den angegebenen Wörtern. Schreibe die neuen Wörter auf.

Star	Gabel	lügen
Rose	Bar	loben
Bär	Regel	quaken
Tor	Segel	schaben
vor	Käfer	schmoren
Sog	Säge	Spaß

wagen → **ie** → wiegen

Aufgabe 29

Setze die angegebenen Wörter in die Lücken ein.

Deponie – Energie – Epidemie – Galerie –
Garantie – Harmonie – Lotteriespiel – Melodie

Der Musiklehrer übte für ein Schulfest die ________ eines Musikstückes so lange, bis alle Stimmen in ________ zusammenklangen.
Die Lust am Musizieren hatte die Schüler wie eine ________ erfasst. Obwohl sie alle sehr viel ________ aufbrachten, hatten sie nicht die ________, dass es bei der Aufführung auch so harmonisch klingen würde. Schon die Raumakustik machte das Unternehmen zu einem ________, denn beim Schulfest sollten sie auf der ________ der Festhalle untergebracht werden. Nur dort war die ________ der Musikinstrumente möglich.

Aufgabe 30

Beim Scrabble wurde Folgendes gelegt. Fülle die Lücken und baue das Spiel weiter aus.

Aufgabe 31

Lies den Text durch und ergänze die richtigen Buchstaben.

Vom Küchenjungen in Dornröschens Schloss

Sein Chef, der Koch, l_____ß _____n immer nur Zw_____beln schneiden. Und n_____ schnitt der Küchenjunge dem Koch d_____ Zw_____beln fein genug. Der Junge hatte schon eine Tr_____fnase und rot verheulte Augen von der v_____len Zw_____belschneiderei, aber der Koch kannte kein Erbarmen.
„Bevor du d_____ Zw_____bel nicht so fein schneidest, dass man s_____ mit der Zunge zerdrücken kann, bekommst du keine Kartoffel in d_____ Finger“, pflegte er zu sagen und manche Leute meinen, dass daher der Ausdruck „zw_____beln“ kommt, der so v_____l w_____ quälen heißt. Und so tat der Küchenjunge etwas, was zu Dornröschens Zeiten höchst ungewöhnlich war – er protest_____rte.
Der Koch hob d_____ Hand zu einer saftigen Ohrfeige. Aber genau in d_____ser Sekunde stach sich Dornröschen mit der Spindel in den Finger und alle sanken augenblicklich in t_____fen Schlaf.

(Irmela Brender)

1.7 Stolpersteine II

Gleich gesprochen – unterschiedlich geschrieben

Folgende Wörter werden gleich gesprochen; sie werden aber unterschiedlich geschrieben und haben verschiedene Bedeutungen.

Lid – Lied

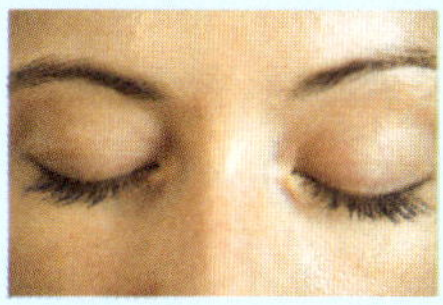

Jana hat die Augenlider geschlossen.

die Melodie eines Liedes

Mine – Miene

Die Bleistiftmine ist spitz.

Lisa zeigt eine traurige Miene.

Stil – Stiel – er stiehlt

ein Fenster im gotischen Baustil

Der Besenstiel ist rot.

Er stiehlt.

Wider und wieder

Du schreibst

- **wider**, wenn das Wort im Sinn von „gegen" gebraucht wird, aber
- **wieder**, wenn das Wort die Bedeutung von „abermals, erneut (wiederholen)" hat.

Aufgabe 32

Setze die vorgegebenen Wörter an der richtigen Stelle ein. Schreibe den Text zur Übung ab.

Lid, Lied; Mine, Miene; Stil, Stiel, (er) stiehlt

Die Wanderer singen ein frohes ____________________.

Der Augenarzt untersucht das verletzte ____________________.

Max ____________________ einen Apfel vom Baum.

Der Schaufel____________________ ist abgebrochen.

Er schreibt seinen Aufsatz in einem flüssigen ____________________.

Frieder machte eine traurige ____________________, als ihm die ____________________ seines Bleistifts während der Klassenarbeit abbrach.

Aufgabe 33

Ergänze den Lückentext mit den angegebenen Wörtern.

**wiederholen, wieder, Widerhall,
widersetzen, wieder, widerwillig, Widerspruch**

Auch in diesem Jahr ist Thomas mit seinen Eltern ____________________ in die Berge gefahren.

Wenn er jodelt, wartet er auf den ____________________.

Immer ____________________ probiert er es. Das geht so lange, bis Mutter ____________________ einlegt.

Thomas möchte sich nicht ____________________; ____________________ lässt er die Jodelei. Aber morgen wird er sie ____________________.

Abschlusstest online 1

Super! Du hast das **Kapitel 1 – Lang gesprochene Vokale** durchgearbeitet. Dabei hast du wiederholt, dass lange Vokale ganz verschieden gekennzeichnet sein können.

So funktioniert der Abschlusstest online:
Um deinen Lernerfolg zu überprüfen, kannst du nun die Tests online machen. Gehe auf
www.klasse5bis10.klett-lerntraining.de/4Y7S
und registriere dich wie vorne im Buch beschrieben.

Welche Tests es gibt, siehst du unten in der Tabelle. Nach jedem Test bekommst du eine Auswertung.

Willst du immer im Blick haben, welche Themen du schon kannst oder was du besser nochmal wiederholen solltest? Dann notiere deine Ergebnisse aus den Abschlusstests in der Tabelle.

Mein Ergebnis im Abschlusstest – Kapitel 1

Thema	Mein Ergebnis
Die Kennzeichnung lang gesprochener Vokale	
Kennzeichnung der langen i-Laute	
Gleich gesprochen – unterschiedlich geschrieben	

2 Kurz gesprochene Vokale

2.1 Kennzeichnung kurz gesprochener Vokale

Siehe auch Kapitel 1.1.

Die Vokale **a**, **e**, **i**, **o**, **u** und die Umlaute **ä**, **ö** und **ü** können lang oder kurz gesprochen werden. Die Schreibung der nachfolgenden Buchstaben richtet sich nach der Kürze oder Länge des vorangehenden Vokals.

Kennzeichnung kurz gesprochener Vokale

1. Folgen auf einen Vokal zwei oder drei verschiedene Konsonanten, so ist der Vokal in der Regel kurz.
   › Schrank, Salz, schimpfen …
2. Folgt auf einen kurzen Vokal nur ein einzelner Konsonant, wird der kurz gesprochene Vokal durch Verdoppelung des Konsonanten gekennzeichnet.
   › schlaff, Egge, üppig, Nummer …
3. Für k und z gilt: statt **kk** schreibt man **ck**, statt **zz** schreibt man **tz**.
   › locken, schützen …

Aufgabe 1

Ordne die Wörter mit kurz gesprochenem Vokal in die Tabelle ein.

~~Sekt~~, ~~ackern~~, ~~verebben~~, ~~flitzen~~, kupfern, schleppen, rennen, Pflock, Flanke, schlank, kribbeln, dürr, Mütze, Katze, Lump, stärken, Pudding, Dutzend, Schwamm, vermummen, welken, retten, Sessel, Volk, Sumpf, schlaff, fallen, Imker, Brücke, Pakt, Elle, Paddel, Mark, flaggen, Dank, Perücke

Konsonanten-häufung	Konsonanten-verdoppelung	ck und tz
Se**kt**	vere**bb**en	a**ck**ern, fli**tz**en

Aufgabe 2

Löse das Rätsel. Bei richtiger Lösung findest du ein Lösungswort, in dem zwei kurz gesprochene Vokale auftauchen, denen jeweils zwei unterschiedliche Konsonanten folgen. Wie heißt es?

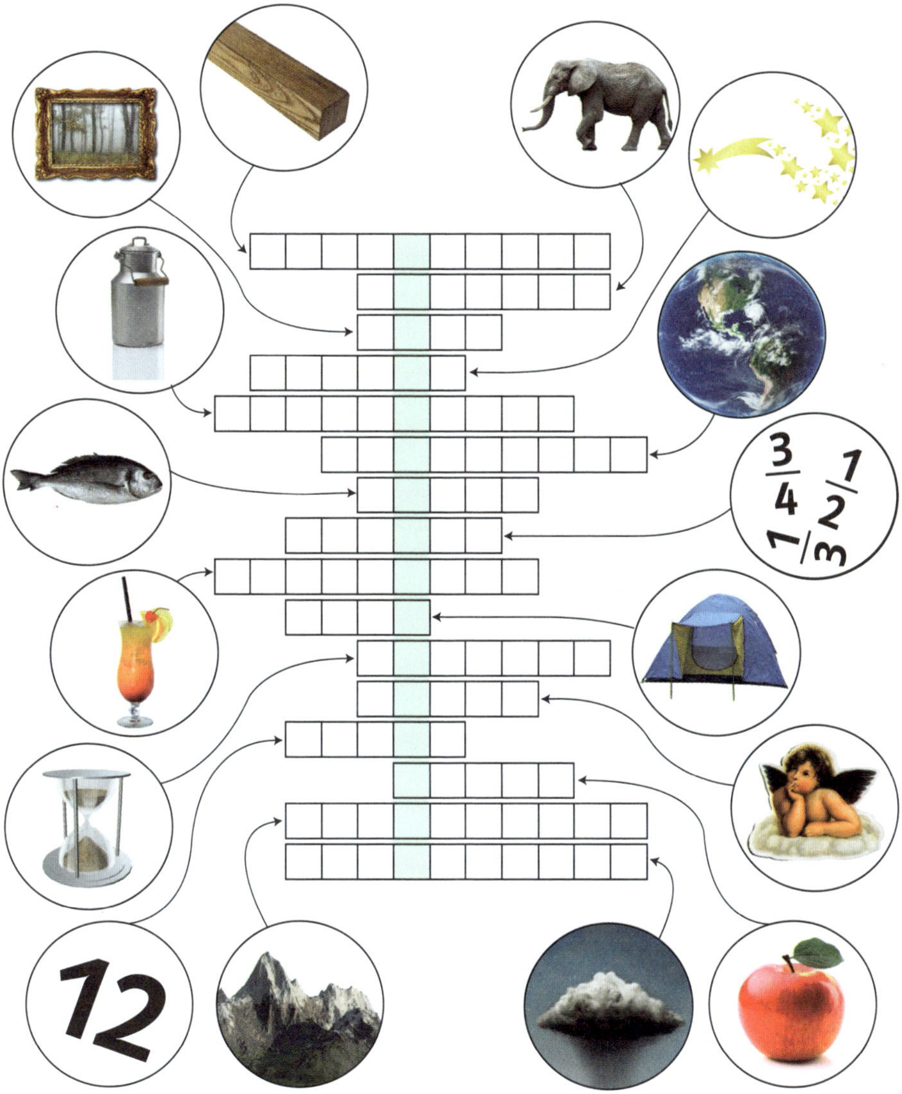

2.2 Kennzeichnung durch zwei oder drei verschiedene Konsonanten

Folgen auf einen Vokal zwei oder drei verschiedene Konsonanten, so ist der Vokal in der Regel kurz.

› Ka**st**en, Pri**nz**, Ba**nd**, lä**st**ern, Ka**rt**e, Wa**ld**, He**rz**, Wi**tz**, Re**st**, ha**st**en, lu**st**ig, Ke**rz**e, Mä**rz**, he**tz**en, Pi**lz**

Aufgabe 3

Lies den Prospekt laut und deutlich. Schreibe die Wörter, bei denen auf einen kurz gesprochenen Vokal zwei oder mehrere Konsonanten folgen, auf und unterstreiche die gehäuften Konsonanten.

Reiseprospekt

Wenn Sie von der Bergwelt begeistert sind, finden Sie hier etwas Einmaliges. Unsere Mitarbeiter haben ausgefallene Touren gefunden. Doch keine Angst, wir trainieren Sie und steigern Ihre Kondition. Die Mühen des Bergsteigens werden durch vielfältige Blicke über die Alpen belohnt …

Aufgabe 4

Finde die passenden Reimwörter.

Schmalz	**Falken**	**melken**
S ________	B ________	w ________
M ________	k ________	N ________

Wild	**Gehalt**	**Sumpf**
B ________	Gest ________	Str ________
Sch ________	k ________	st ________

Zwirn	**Wort**	**Schmerz**
St ________	H ________	Sch ________
H ________	Sp ________	H ________

Mark

st ________

Qu ________

Aufgabe 5

Setze ld, lt, mt, nd, nt, rd oder rt ein. Schreibe die Wörter anschließend zur Übung ab.

Sa ____, Schwa ____ e, ka ____, E ____ e, Spa ____ e,

Bü ____ e, Ka ____ e, Bi ____ er, He ____ e, fi ____ en,

fa ____ en, Gedu ____, Ho ____ e, Fave, Ta ____ e,

Bä ____ er, ha ____ en, Rä ____ er, Kä ____ e, versäu ____

2.3 Kennzeichnung durch Verdoppelung eines Konsonanten

Einem kurzen, betonten Vokal kann statt zwei unterschiedlicher Konsonanten auch ein Doppelkonsonant folgen.

› Bi**tt**e, Ri**nn**e, ra**ss**eln, Pa**pp**el, Ka**mm**, So**nn**e, Ha**mm**er, re**nn**en, Sti**mm**e, ko**mm**en, su**mm**en

Aufgabe 6

Lies das Gedicht „Verkehrte Welt“ laut und deutlich. Unterstreiche die auf einen kurzen Vokal folgenden Doppelkonsonanten.

Beispiel:
Paddelboot

Verkehrte Welt

Mit einem Paddelboot und ohne Geld
fuhr ich kürzlich zur verkehrten Welt:

wo der Käfer schwabbelt
und der Pudding krabbelt;

wo der Roggen wird geritten
und der Rappe wird geschnitten;

wo die Hunde gellen
und Sirenen bellen;

wo die Funken schwimmen
und die Fische glimmen;

wo die Schweine büffeln
und die Schüler schnüffeln;

wo die Tiere essen
und die Menschen fressen;

wo die Trompeten klettern
und die Affen schmettern;

wo Flammen rennen
und die Kinder brennen;

wo die Hunde schnurren
und die Katzen knurren;

wo Gewitter rollen
und die Bälle grollen.

Aufgabe 7

Aus schroff wird Pantoffel. Schreibe die Wörter nacheinander in die Tabelle.

	off	
schr		
Sauerst		
		en
h		
betr		
getr		
bes		
K		er
H		nung
St		el
Kart		
Pant		

Aufgabe 8

Verwandle die folgenden Wörter mithilfe der angegebenen Buchstaben. Schreibe die neuen Wörter auf.

Manchmal sind mehrere Lösungen möglich.

Hölle, Fülle, grollen, fällen, stillen, Drall, Müll, Wille, Rille, Pulle, Stulle, Fall

a, e, i, o, u

Halle, ________________________

____

____

____

____

Aufgabe 9

Setze die richtigen Wörter ein.

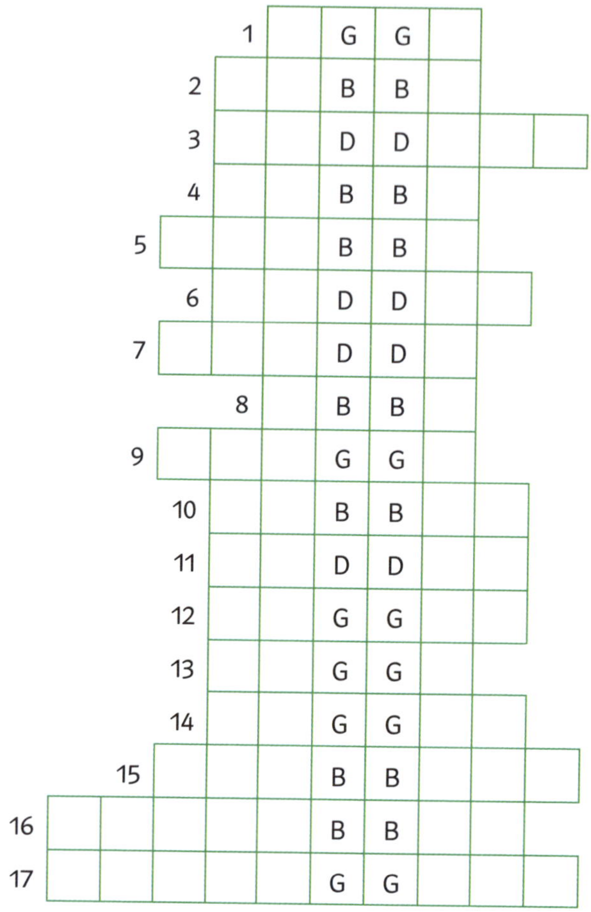

1 Arbeitsgerät des Landwirts
2 Freizeitbeschäftigung
3 Süßspeise
4 Seehund
5 Krebstier
6 kurzes Ruder
7 Notizheft
8 Gegenteil von Flut
9 Fahne
10 wöchentlicher Feiertag der Juden
11 männliches Schaf
12 Getreideart
13 Hunderasse
14 Baumaschine
15 Bewegungsart des Kleinkindes
16 etwas mit einer Bürste säubern
17 den Zoll hintergehen

Aufgabe 10

Finde passende Reimwörter und ergänze sie.

Was man alles kann:

Auf die Nase ____________________,

mit der Peitsche ____________________.

Auf den Kopf sich ____________________,

an der Haustür ____________________.

Wie ein Löwe ____________________,

einen Eimer ____________________.

Eine Kugel ____________________,

wie der Donner ____________________.

Aufgabe 11

Bilde Reime. Schreibe sie zur Übung ab.

schwimmen	**Lamm**	**Kummer**	**Kammer**
kl__________	K__________	S__________	H__________
gl__________	St__________	Schl__________	J__________
st__________	Schw__________		

dumm	**Stummel**	**Lümmel**
st__________	H__________	K__________
kr__________	B__________	

Aufgabe 12

Mit etwas Knobeln findest du zwölf Wörter. Schreibe sie auf.

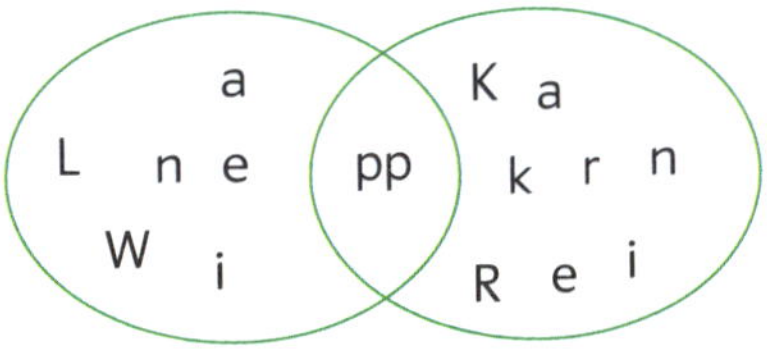

Aufgabe 13

Setze die unten aufgeführten Wörter in die Rätseltreppe ein.

<table>
<tr><td>I</td><td>M</td><td>M</td><td></td><td></td></tr>
<tr><td></td><td>A</td><td>M</td><td>M</td><td></td><td></td></tr>
<tr><td></td><td></td><td></td><td>M</td><td>M</td><td></td><td></td></tr>
<tr><td>S</td><td>C</td><td>H</td><td></td><td>M</td><td>M</td><td></td><td></td></tr>
<tr><td></td><td></td><td></td><td></td><td></td><td>M</td><td>M</td><td></td><td></td></tr>
<tr><td></td><td></td><td>R</td><td></td><td></td><td></td><td>M</td><td>M</td><td></td><td></td></tr>
<tr><td></td><td></td><td></td><td></td><td></td><td></td><td>I</td><td>M</td><td>M</td><td></td><td></td></tr>
<tr><td></td><td></td><td>T</td><td>Z</td><td></td><td></td><td></td><td></td><td>M</td><td>M</td><td></td><td></td></tr>
<tr><td></td><td></td><td></td><td>R</td><td>S</td><td></td><td></td><td></td><td></td><td>M</td><td>M</td><td></td><td></td></tr>
<tr><td></td><td></td><td></td><td>V</td><td></td><td></td><td></td><td></td><td></td><td></td><td>M</td><td>M</td><td></td><td></td></tr>
<tr><td>A</td><td></td><td></td><td></td><td></td><td></td><td></td><td></td><td></td><td>M</td><td>M</td><td></td><td></td></tr>
<tr><td></td><td></td><td>B</td><td></td><td></td><td></td><td></td><td></td><td>M</td><td>M</td><td></td><td></td></tr>
<tr><td></td><td></td><td></td><td></td><td></td><td></td><td></td><td>M</td><td>M</td><td></td><td></td></tr>
<tr><td></td><td></td><td></td><td>Z</td><td></td><td></td><td>M</td><td>M</td><td></td><td></td></tr>
<tr><td></td><td>Ü</td><td></td><td></td><td></td><td>M</td><td>M</td><td></td><td></td></tr>
<tr><td></td><td></td><td>W</td><td></td><td>M</td><td>M</td><td></td><td></td></tr>
<tr><td>S</td><td></td><td></td><td>M</td><td>M</td><td></td><td></td></tr>
<tr><td>H</td><td></td><td>M</td><td>M</td><td></td><td></td></tr>
<tr><td></td><td>M</td><td>M</td><td></td><td></td></tr>
</table>

Abendschimmer, immer, Kammer, Türsummer, Kabeltrommel, Flammen, stimmen, Gewimmer, Schwimmer, Klavierstimmer, überstimmen, überschwemmen, hemmen, Haarklemmen, verstummen, Katzenjammer, Ammen, Schimmel, Holzhammer

Aufgabe 14

Hier sind zusammengesetzte Wörter etwas durcheinandergeraten. Überlege und schreibe sie richtig auf.

Schubgeschirr	Goldzerrung	Dörrsinn
Pferdeherr	Muskelpfarrer	Starrholz
Hauskarren	Stadtbarren	Sperrobst

Aufgabe 15

Bilde zusammengesetzte Wörter und schreibe sie auf. Ein oberes und ein unteres Dreieck gehören jeweils zusammen.

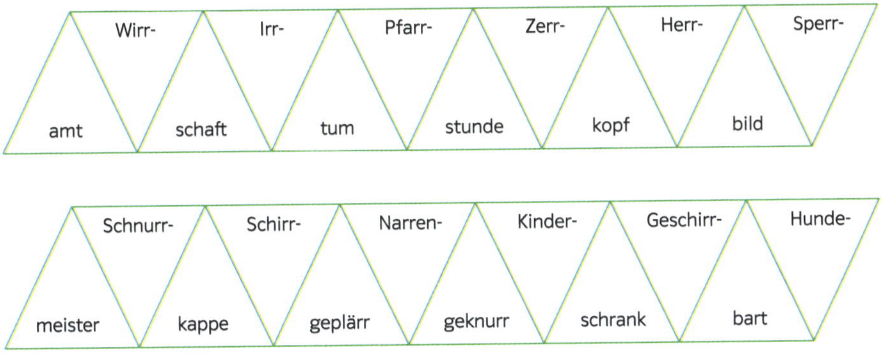

Aufgabe 16

Finde Reimwörter und ergänze sie.

Futter	**Schritte**	**Latte**	**Bett**	**schlittern**	**Flotte**
B_____	Tr_____	M_____	n_____	kn_____	Kar_____
M_____	B_____	R_____	f_____	w_____	Gr_____
K_____	M_____	W_____	Br_____	z_____	Klam_____

2.4 Stolpersteine

Drei gleiche Konsonanten

Bei Wortzusammensetzungen kann es vorkommen, dass nach einem kurz gesprochenen Vokal ein Doppelkonsonant und ein gleicher einfacher Konsonant aufeinandertreffen.

Alle drei Konsonanten bleiben erhalten.

› Donaudampfschi**fff**ahrtsgesellschaft, Meta**lll**euchter, Mü**lll**ager, Gewi**nnn**ummer, Fe**ttt**opf, Fe**ttt**ropfen, Werksta**ttt**ruppe

Aufgabe 17

Kombiniere jedes Wort in der Tabelle mit einem passenden Vorschlag und notiere das neue Wort.

Papp	
Sauerstoff	
Ballett	
Fett	
Blatt	
Stoff	
Brikett	
Nepp	
Schutt	
Kompott	

Transporter

Triebe

Flasche

Preis

Träger

Plakat

Truppe

Tropfen

Flicken

Teller

Aufgabe 18

Ein Schiffbrüchiger hinterlegte für seine Freunde eine Nachricht auf einer einsamen Insel. Um sie geheim zu halten, schrieb er Silbe um Silbe untereinander. Entziffere den Text und schreibe ihn mit den Satzzeichen auf.

BEI	TEN	VIER	GRUND	TALL	FET
LETZ	KON	NACH	WERT	LEUCH	ZEN
TEM	TROLL	EX	VOL	TER	BRANNT
HALT	LAM	PLO	LE	UND	WEIN
SAU	PEN	SION	LA	WEIN	MIT
ER	BALD	SCHIFF	DUNG	BRAND	AL
STOFF	ÜBER	EINE	AN	FÄS	TER
FLA	HIT	HAL	BORD	SER	NUM
SCHEN	ZUNG	BE	SUCHT	IN	ME
GE	IM	MEI	HIN	MEI	RIE
LA	LA	LE	TER	NER	RUNG
DEN	GER	VOR	WERK	KO	
AUF	RAUM	IN	STATT	JE	K.
SEE	NUM	SEL	TÜR	IN	S.
ZEIG	MER	AUF	ME	STOFF	OL
					SEN

2.5 ck und tz

ck und tz

Die Konsonanten **k** und **z** werden nach einem kurzen, betonten Vokal **nicht** verdoppelt.

1. Statt kk schreibt man **ck**.
   › Geschmack, Zecke, schmecken
   Ausnahmen sind Fremdwörter wie Marokko, Mokka, Sakko.
2. Statt zz schreibt man **tz**.
   › protzen, verpetzen, Spitze, Netz, Trotz
   Ausnahmen sind Fremdwörter wie Nizza, Intermezzo, Pizza.

Aufgabe 19

Lies den Text durch.

Wie wird das Wetter?

Mit fortschreitendem Ausgleich der Gegensätze des Luftdrucks klingt die drückende Hitze der letzten Tage ab. Das Wetter wird dann von einem derzeit zwischen Marokko und Nizza sitzenden Tief beeinflusst. Aufkommende Quellbewölkung führt zu Wärmegewittern, die uns Blitz und Donner bescheren. Doch das bleibt nur ein Intermezzo; schon am Sonntag lockert die Bewölkung wieder auf. Bei angenehmen Temperaturen sollten Sie daher das Wochenende für einen Spaziergang nutzen.

Ordne die Wörter, in denen ein kurz gesprochener Vokal durch ck (oder kk) und durch tz (oder zz) gekennzeichnet ist, in die Tabelle ein.

ck	(kk)	tz	(zz)

Aufgabe 20

Hier ist etwas durcheinandergeraten. Setze die Wörter richtig zusammen und schreibe sie auf.

Platzfleisch	Scharfritze	Glatzmaus
Schatzregen	Feuerschütze	Blitzkopf
Sitzgräber	Mauerspritze	Spitzlicht

Aufgabe 21

Bilde neue Wörter mit ck. Schreibe sie auf die Linien.

~~Kniff~~, Blitz, Stoff, verstopft, Weber,
stehen, sagen, Bäder, Zuber, legen, verstehen,
loben, baden, Lüge, Egge

Knick, ____________________

____

____

Aufgabe 22

Bilde aus den Wörtern oder Silben aus Feld 1 und Feld 2 jeweils zusammengesetzte Nomen. Schreibe sie auf.

Feld 1

LACK, TRICK, STRICK, SCHECK, BACK, BLOCK, WECK, SPECK, SCHRECK, STÜCK, SPICK, LOCK, RÜCK

Feld 2

LEITER, HEFT, SEITE, SCHOKOLADE, SEKUNDE, MEHL, KISTE, FAHRT, VOGEL, ZAHL, STUBE, ZETTEL, SCHUHE

Aufgabe 23

Bilde Wörter und schreibe sie auf.

Spit =		______
Glat =	ze	______
Hit =		______
Rit =		______

schlit =		______
schät =	zen	______
stüt =		______
wet =		______

Schwät =		______
Schnit =	zer	______
Spit =		______
Sprit =		______

bespit =		______
schnit =	zeln	______
kit =		______
wit =		______

Aufgabe 24

ck oder tz? Schreibe die richtigen Buchstaben in die Lücken.

Auf dem Rummelpla ____

Das Sommerfest wird überall auf Plakaten angekündigt.
Vom Festpla ____ schallt laut die Musik. An den Ständen werden zu ____ ersüße Schle ____ ereien, gebrannte Mandeln und Pi ____ a angeboten.
Andere preisen ihren gli ____ ernden Schni ____ schna ____ .
Ein Losverkäufer verspricht, dass jedes vierte Los gewinnt. Der erste Preis ist ein schi ____ es Fahrrad. Bei der Schießbude kann man Papierblumen, Lebkuchenherzen und viele wi ____ ige Stofffiguren gewinnen. Doch als Held des Pla ____ es gilt Kasimir, der stärkste Mann. Für fünfzig Cent Eintritt kann man ihn za ____ ig zweieinhalb Zentner stemmen sehen.

Abschlusstest online 2

Glückwunsch! Du hast das **Kapitel 2 – Kurz gesprochene Vokale** durchgearbeitet. Dabei hast du gelernt, wie kurz gesprochene Vokale gekennzeichnet werden, z. B. durch zwei oder drei verschiedene Konsonanten und du hast dir die besonders schwierigen Wörter (Stolpersteine) genau angesehen.

So funktioniert der Abschlusstest online:
Um deinen Lernerfolg zu überprüfen, kannst du nun die Tests online machen.
Gehe auf
www.klasse5bis10.klett-lerntraining.de/4Y7S
und registriere dich wie vorne im Buch beschrieben.

Welche Tests es gibt, siehst du unten in der Tabelle. Nach jedem Test bekommst du eine Auswertung.

Willst du immer im Blick haben, welche Themen du schon kannst oder was du besser nochmal wiederholen solltest? Dann notiere deine Ergebnisse aus den Abschlusstests in der Tabelle.

Mein Ergebnis im Abschlusstest – Kapitel 2

Thema	Mein Ergebnis
Kennzeichnung kurzer Vokale durch zwei oder drei verschiedene Konsonanten	
Kennzeichnung durch Verdoppelung eines Konsonanten	
ck und tz	

3 s oder ß oder ss

3.1 Stimmhaftes und stimmloses s

Für die Schreibung des **s-Lautes** gibt es in der deutschen Sprache drei Möglichkeiten: **s**, **ss** und **ß**. Für die richtige Schreibung gibt es genau festgelegte Regeln.
Darüber hinaus gibt es beim s-Laut zwei unterschiedliche Aussprachevarianten: das **stimmhafte** und das **stimmlose s**.

Das stimmhafte und stimmlose s

Das **stimmhafte s** kitzelt beim Sprechen ein wenig an der Zunge; man schreibt es immer als **s**.
› sagen, sausen, eisig

Das stimmlose s wird auch als scharf gesprochener s-Laut bezeichnet.

Das **stimmlose s** kann als **ss** oder als **ß** geschrieben werden.
› muss, dass, hassen, Hass, hässlich
Straße, Strauß, grüßen, Gruß

Folgende Regeln helfen dir beim richtigen Schreiben:

1. Ein stimmhaftes **s** wird stets als **s** geschrieben.
   › sagen, rasen, eisig
2. Folgt auf einen kurzen Vokal ein stimmloses **s**, dann wird es ausnahmslos verdoppelt und als **ss** geschrieben.
   › hassen, hässlich, muss, müssen
3. Folgt auf einen langen Vokal oder einen Diphthong (ei, ai, eu, au, äu) ein stimmloses **s**, dann schreibt man **ß**.
   › Gruß, Straße, Strauß, Fleiß, Grieß, bloß
4. Das stimmlose **s** wird mit einfachem **s** geschrieben, wenn sich beim Verlängern des Wortes ein stimmhaftes **s** ergibt.
   › Glas – Gläser, Haus – Häuser, du saust – sausen

Aufgabe 1

Suche aus dem Steckbrief die Wörter mit s, ß und ss heraus. Lege solch eine Tabelle an und ordne die Wörter richtig ein.

s	ß	ss

Lies die Wörter in der Tabelle laut und deutlich.

Steckbrief

Gesucht wird der folgende Straftäter:

Name: Jens Kesselschmied

Alter: 43 Jahre

Körperbau: 184 cm groß, hochgeschossene Gestalt

Gesicht: länglich oval, Farbe blass, dunkler Bartwuchs, Brillenträger

Haar: Wuchs spärlich, Farbe schwarz, Stirn kahl

Besondere Kennzeichen:
Muttermal am linken Nasenflügel,
Narbe auf rechter Wange,
schusslige Bewegungen

Der Gesuchte verübte mehrere Raubüberfälle. Er verbüßte eine Haftstrafe in Saarbrücken und ist nach einem Ausbruch flüchtig. Zuletzt wurde er an der Rheinfähre bei Kaub gesichtet. Der Mann ist äußerst gefährlich und macht von der Schusswaffe oder dem Messer rücksichtslos Gebrauch.

Sachdienliche Hinweise nimmt jede Polizeidienststelle entgegen.

3.2 s – ß – s

Für die richtige Schreibung des s-Lautes ist es wichtig, dass du den Unterschied zwischen stimmhaftem und stimmlosen s-Laut erkennen kannst.

Merke dir für die Schreibung der s-Laute:

1. Das stimmhafte **s** wird immer mit s geschrieben.
2. Ein stimmloses **s**, das bei der Verlängerung stimmhaft wird, schreibt man auch mit einem s.
   › Maus – Mäuse

   Bleibt der stimmlose s-Laut nach der Verlängerung stimmlos, schreibt man nach einem kurzen Vokal ss und nach einem langen Vokal oder Diphtong (ei, ai, eu, au, äu) ß.
   › fassen, müssen,
   Straße, Strauß, heißen

Aufgabe 2

Lerntipp: Präge dir jeweils sechs Wörter ein und schreibe sie im Selbstdiktat auf.

Bilde mit der Silbenmauer 36 Wörter. Prüfe dann, ob es sich bei diesen 36 Wörtern um den stimmhaften oder um den stimmlosen s-Laut handelt. Begründe deine Entscheidung.

RIE	REI	AM	IN	BLA	SAU
SIG		SEL		SEN	
SEN	BRAU	NA	HA	BÖ	FRÄ
SE		SE		SE	
FA	GLÄ	RA	RIE	EI	DIE
SER		SEN		SIG	
SPEI	HIR	PIN	KREI	DRÜ	DO
SE		SEL		SE	
RO	GÄM	RIE	NIE	KÄ	LEI
SE		SELN		SE	
LE	LÖ	AMEI	GEMÜ	HÄU	GRÄ
SEN		SE		SER	

Aufgabe 3

Ergänze die Tabelle. Lies die Wörter anschließend laut und achte dabei auf das stimmhafte s im Infinitiv.

reisen	*du reist*	*er reiste*
		er kreiste
	du löst	
speisen		
	du bremst	
		er raste
		er brauste
lesen		
	du bläst	

Aufgabe 4

Ergänze jeweils den Singular oder den Plural. Lies die Wörter anschließend laut und achte dabei auf das stimmhafte s in der Pluralform.

Gans	–	Gänse	Kreis	–	______
______	–	Gase	______	–	Läuse
Gleis	–	______	Los	–	______
Gras	–	______	______	–	Mäuse
______	–	Greise	Moos	–	______
______	–	Hälse	Preis	–	______
Haus	–	______	______	–	Verse

Aufgabe 5

Ordne folgende Wörter in das Treppenrätsel ein.

abmessen, Asse, Drosselgasse, essen, fassen, Fischflosse, fressen, herablassen, herauspressen, Klasse, Meisterklasse, Saftpresse, Schlüsse, Sprosse, Tasse, Teigmasse, verblassen, vermissen, verschlossen, zusammenfassen

<table>
<tr><td></td><td>s</td><td>s</td><td></td></tr>
<tr><td></td><td></td><td>s</td><td>s</td><td></td></tr>
<tr><td></td><td></td><td></td><td>s</td><td>s</td><td></td></tr>
<tr><td></td><td></td><td></td><td></td><td>s</td><td>s</td><td></td></tr>
<tr><td></td><td></td><td></td><td></td><td></td><td>s</td><td>s</td><td></td></tr>
<tr><td></td><td></td><td></td><td></td><td></td><td></td><td>s</td><td>s</td><td></td></tr>
<tr><td></td><td></td><td></td><td></td><td></td><td></td><td></td><td>s</td><td>s</td><td></td></tr>
<tr><td></td><td></td><td></td><td></td><td></td><td></td><td></td><td></td><td>s</td><td>s</td><td></td></tr>
<tr><td></td><td></td><td></td><td></td><td></td><td></td><td></td><td></td><td></td><td>s</td><td>s</td><td></td></tr>
<tr><td></td><td></td><td></td><td></td><td></td><td></td><td></td><td></td><td></td><td></td><td>s</td><td>s</td><td></td></tr>
<tr><td></td><td></td><td></td><td></td><td></td><td></td><td></td><td></td><td></td><td></td><td>s</td><td>s</td><td></td><td></td></tr>
<tr><td></td><td></td><td></td><td></td><td></td><td></td><td></td><td></td><td></td><td>s</td><td>s</td><td></td><td></td></tr>
<tr><td></td><td></td><td></td><td></td><td></td><td></td><td></td><td></td><td>s</td><td>s</td><td></td><td></td></tr>
<tr><td></td><td></td><td></td><td></td><td></td><td></td><td></td><td>s</td><td>s</td><td></td><td></td></tr>
<tr><td></td><td></td><td></td><td></td><td></td><td></td><td>s</td><td>s</td><td></td><td></td></tr>
<tr><td></td><td></td><td></td><td></td><td></td><td>s</td><td>s</td><td></td><td></td></tr>
<tr><td></td><td></td><td></td><td></td><td>s</td><td>s</td><td></td><td></td></tr>
<tr><td></td><td></td><td></td><td>s</td><td>s</td><td></td><td></td></tr>
<tr><td></td><td></td><td>s</td><td>s</td><td></td><td></td></tr>
<tr><td></td><td>s</td><td>s</td><td></td><td></td></tr>
</table>

Aufgabe 6

Bilde Reime. Schreibe sie zur Übung ab.

Gasse	**Kessel**	**Bissen**	**Genosse**
K ______	S ______	K ______	Spr ______
R ______		W ______	G ______
Messer	**lassen**	**Rüssel**	**Nässe**
b ______	f ______	Sch ______	Bl ______
	p ______	Schl ______	
	T ______		

Aufgabe 7

Bilde zusammengesetzte Nomen und schreibe sie auf.

Essig	Sessel	______
Kaffee	Flosse	______
Schlüssel	Bisse	______
Wasser	Drossel	______
Sing	Nessel	______
Feder	Blech	______
Fernseh	Flasche	______
Messing	Kissen	______
Brenn	Kessel	______
Messe	Loch	______
Gewissen(s)	Stadt	______
Schwimm	Tasse	______
Klassen	Messer	______
Brot	Zimmer	______

Aufgabe 8

Fülle die Wortkästen vollständig aus.

T	a	s	s	e	n
f					
l					
p					
h					
	i				
B					
K					
w					
m					
	ü				
	e				

R	o	s	s
	i		
B			
	a		
H			
n			
F			
P			
K	u		
N			
m			

Aufgabe 9

Ergänze die fehlenden Wörter.

der Biss	–	die Bisse	der Riss	–	________
das Fass	–	________	________	–	die Rösser
________	–	die Nüsse	________	–	die Bässe
der Genuss	–	________	der Schuss	–	________
________	–	die Geschosse	________	–	die Ambosse
________	–	die Schlösser	________	–	die Kolosse
der Schluss	–	________	der Imbiss	–	________
________	–	die Güsse	________	–	die Kompasse
der Pass	–	________			

Aufgabe 10

Verlängere die folgenden Wörter durch Pluralbildung.

der Fuß – die Füße

der Gruß – ____________

der Spaß – ____________

der Kloß – ____________

das Maß – ____________

der Stoß – ____________

der Spieß – ____________

der Strauß – ____________

das Gefäß – ____________

das Floß – ____________

Aufgabe 11

Vervollständige die Tabelle.

müssen	*du musst*	*er muss*
lassen		
essen		
hassen		
vergessen		
messen		
küssen		
pressen		
vermissen		
fassen		
wissen		
fressen		
hissen		

3.3 das und dass

Das und **dass** wird häufig verwechselt. Es gibt aber einige Regeln, die dir helfen, herauszufinden, welches die richtige Schreibweise ist.

das oder dass?

1. **das = bestimmter Artikel** (Geschlechtswort)
   › **das** Handy, **das** neue Handy

2. **das = Demonstrativpronomen** (hinweisendes Fürwort)
   › Ich habe **das** Handy auf den Tisch gelegt. Es war **das** Handy, mit dem ich fotografiert habe.

   Hier weist *das* auf ein Ding oder einen Sachverhalt hin. Es wird beim Sprechen betont und kann durch **dies** oder **dieses** ersetzt werden:
   War es **dieses** Handy oder jenes dort? Es war **dieses** Handy, mit dem ich fotografiert habe.

3. **das = Relativpronomen** (rückbezügliches Fürwort)
   › Das Handy, **das** neu ist, kann sehr scharfe Fotos machen.

   Das bezieht sich auf das vorhergehende Nomen „Feld" und kann durch **welches** ersetzt werden:
   › Das Handy, **welches** neu ist, kann sehr scharfe Fotos machen.

4. **dass = Konjunktion** (Bindewort)
   › Ich hoffe, **dass** die Fotos mit dem Handy sehr scharf werden.

   Durch **dass** wird ein Nebensatz eingeleitet; es lässt sich nicht durch **dies**, **dieses** oder **welches** ersetzen.

Merke dir:
Besonders einfach und schnell funktioniert also das Ausschlussverfahren bzw. die **Ersatzprobe**.
Lässt sich *das* durch dieses, jenes oder welches ersetzen, wird das mit einfachem s geschrieben, in allen anderen Fällen schreibt man dass.
Für die Konjunktion *dass* gibt es keine Ersatzwörter.

Aufgabe 12

Ersetze das durch dies, dieses oder welches.

1. Er sagte mir das (________________) im Vertrauen.
2. Das (________________) Kind, das (________________) sich gestern den Fuß verstaucht hat, musste zum Arzt gebracht werden.
3. Das (________________) Fass, das (________________) vom Wagen fiel, blieb unbeschädigt.
4. Das (________________) ist das Haus, das (________________) abgerissen werden soll.
5. Sie gab mir das (________________) zur Aufbewahrung.
6. War das (________________) ein Erlebnis!
7. Du musst das (________________) Fenster hier schließen.

Aufgabe 13

Setze das oder dass ein.

1. Es ist klasse, ___________ du mir beim Aufräumen hilfst.
2. ___________ Kaminfeuer ist richtig gemütlich.
3. Tim hofft, ___________ er schnell mit den Hausaufgaben fertig wird.
4. Verflixt, so wird ___________ nichts!
5. ___________ wird eine tolle Geburtstagsparty, ___________ ist doch klar!
6. Auf ___________ Straßenfest, ___________ wir im Sommer veranstalten wollen, freuen sich alle.
7. ___________ Motorrad macht einen schrecklichen Lärm.
8. Jeder weiß, ___________ Gemüse gesund ist.
9. ___________ Computerprogramm, ___________ Amelie gerade neu installiert hat, stürzt ständig ab.

3.4 Vorsilbe Miss-/miss-, Nachsilbe -nis

Die Vorsilbe **Miss-/miss-** wird mit **ss** geschrieben.
› Missgunst, missdeuten

Die Nachsilbe **-nis** wird mit **s** geschrieben. Im Genitiv und im Plural wird daraus **ss.**
› Ereignis; des Ereignisses; die Ereignisse
› Geheimnis; des Geheimnisses; die Geheimnisse

Aufgabe 14

Bilde Wörter mit der Vorsilbe Miss-/miss-.

Miss-/ miss-

fallen, raten, lingen, Klang, handeln, Geschick, brauchen, achten, Verständnis, Gestalt, Mut, billigen, Ton, Gunst, deuten, Ernte

Aufgabe 15

Vervollständige die Tabelle.

Singular	Plural	Genitiv
das Gleichnis	die Gleichnisse	des Gleichnisses
das Ärgernis		
das Ereignis		
das Bildnis		
		des Bündnisses
das Erlebnis		
	die Ergebnisse	
		des Zeugnisses
das Verzeichnis		
das Verhängnis		

Aufgabe 16

Setze die richtigen Buchstaben ein.

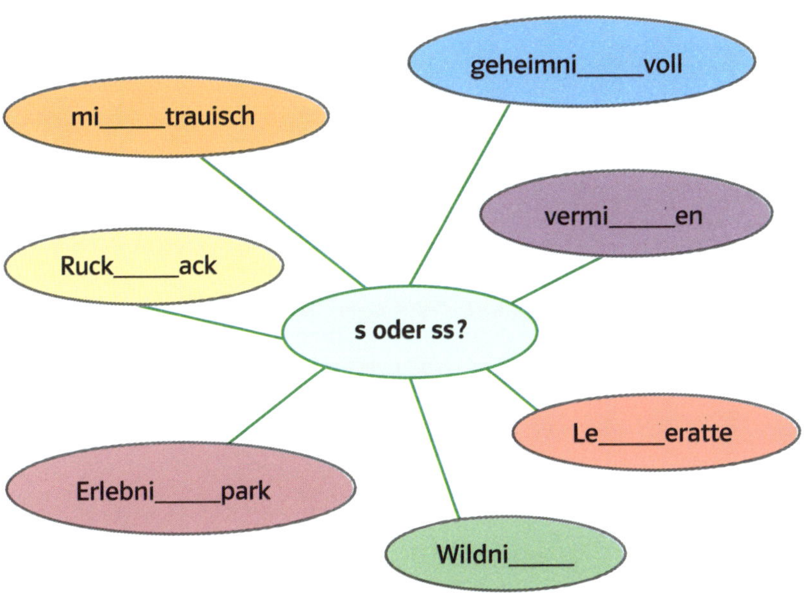

Aufgabe 17

Setze s, ss oder ß ein.

Ein M_____geschick

Mi_____mutig _____ortierte ein Maler seine Bildni_____e. Plötzlich pochte es drau_____en an die Tür. Mi_____billigend stie_____ er mit seinem Fu_____ auf den Boden. Dabei lie_____ er das Bild einer Flu_____landschaft fallen. Er stürzte zur Tür und ri_____ sie auf. Die Briefträgerin grü_____te ihn und reichte ihm zwei rie_____ige Briefe. In einem waren _____ech_____ Bücherverzeichni_____e, im andern einige Erla_____e des Finanzamte_____. Dieses Erlebni_____ lehrte ihn, künftig nicht so aufbrau_____end zu _____ein.

Aufgabe 18

Löse die Rätsel und schreibe die fehlenden Buchstaben in die Lücken.

Damit kommst du an die Kerne:	Nu_____knacker
Ein anderes Wort für „Wissen“:	Erkenntni_____
Schneewittchen und die:	_____ieben Zwerge
Sie brauchst du im Garten:	Gie_____kanne
Ein anderes Wort für „falsch verstehen“:	mi_____verstehen
Nicht klein, sondern:	gro_____
Darauf freut sich jeder:	Pau_____e
Der Gegensatz von „Anfang“:	Schlu_____
Sie wachsen auf der Wiese:	Gra_____halme
Nicht viel:	bi_____chen

3.5 Stolpersteine

Gleiche Aussprache – unterschiedliche Schreibung

Folgende Wörter werden gleich gesprochen; sie werden aber unterschiedlich geschrieben und haben verschiedene Bedeutungen. Die unterschiedlichen Bedeutungen sind durch die Schreibweise zu erkennen.

fliehst

Du fliehst vor dem Hund.

fließt

Das Wasser fließt aus dem Hahn.

reist
Er reist nach Köln.

reißt
Sie reißt den Kalender ab.

bis
Bis jetzt habe ich gewartet.

biss
Der Hund biss ihn ins Bein.

fast
Sie wäre fast ertrunken.

fasst
Sie fasst nach einem sicheren Halt.

Frist
Die Frist ist abgelaufen.

frisst
Die Raupe frisst sich durch den Apfel.

hast/Hast
Du hast Glück gehabt.
Laufe ohne Hast!

hasst
Sie hasst diese Arbeit wie die Pest.

ist
Es ist gut so.

isst
Er isst immer in diesem Restaurant.

Aufgabe 19

Wenn du unsicher bist, sieh dir die Stolpersteine auf Seite 65 genau an.

Ergänze s, ss oder ß in den Lücken. Schreibe die vollständigen Sätze zur Übung anschließend ab.

Fahre ohne Ha______t zur Schule,
denn du ha______t noch genügend Zeit;
einen Unfall ha______t schließlich jeder!

Der Urlauber rei______t gerade ab,
da rei______t ihm ein Dieb die Tasche aus der Hand.

La______t mir die
schwere La______t nicht fallen!

„Lie______ mir ein Märchen vor!“, bat die Vierjährige, doch Großmutter
lie______ sich nicht erweichen.

Der Vielfraß i______t zufrieden, wenn
er gut i______t.

Der Polizist hätte den Einbrecher fa______t
gefa______t.

Lena lief bi______ ans Tor,
dort bi______ sie der Hund ins Bein.

Abschlusstest online 3

Super! Du hast das **Kapitel 3 – s oder ß oder ss** durchgearbeitet. Du hast wiederholt, dass stimmhafte und stimmlose s zu unterscheiden, zu entscheiden, wann du Wörter mit einfachen s, mit ß, oder ss schreiben musst und wann *das* oder *dass* richtig ist.

So funktioniert der Abschlusstest online:
Um deinen Lernerfolg zu überprüfen, kannst du nun die Tests online machen. Gehe auf
www.klasse5bis10.klett-lerntraining.de/4Y7S
und registriere dich wie vorne im Buch beschrieben.

Welche Tests es gibt, siehst du unten in der Tabelle. Nach jedem Test bekommst du eine Auswertung.

Willst du immer im Blick haben, welche Themen du schon kannst oder was du besser nochmal wiederholen solltest? Dann notiere deine Ergebnisse aus den Abschlusstests in der Tabelle.

Mein Ergebnis im Abschlusstest – Kapitel 3

Thema	Mein Ergebnis
Stimmhaftes und stimmloses s	
s, ß oder ss (mit Vorsilbe Miss-/miss-, Nachsilbe -nis)	
das und dass	

4 Gleich und ähnlich klingende Vokale

4.1 e oder ä

Wenn du die folgenden Wortpaare laut und deutlich liest, dann merkst du, dass gleich klingende oder zumindest ähnlich klingende Vokale (Selbstlaute) unterschiedlich geschrieben werden:

Felle - Fälle	heute - Häute
Beeren - Bären	Seite - Saite

Bei Wörtern mit gleich und ähnlich klingenden Vokalen kannst du die richtige Schreibweise **nicht durch das Hören** finden. Daher zeigen wir dir für die Schreibung von **e** oder **ä**, **eu** oder **äu** und **ei** oder **ai** andere **Rechtschreib-Strategien**.

e oder ä

1. Man schreibt **ä** statt **e**, wenn es eine Grundform mit **a** gibt.
   › K**ä**lte - k**a**lt, überschw**ä**nglich - Überschw**a**ng,
   G**ä**mse - G**a**ms, St**ä**ngel - St**a**nge, beh**ä**nde - H**a**nd

   Tipp: Wenn du also unsicher bist, suche immer ein verwandtes Wort!

2. In wenigen Wörtern kann man **e** oder **ä** schreiben.
   › Sch**e**nke wegen aussch**e**nken oder Sch**ä**nke wegen Aussch**a**nk
   aufw**e**ndig wegen aufw**e**nden oder aufw**ä**ndig wegen Aufw**a**nd

3. In wenigen Wörtern schreibt man **ä**, ohne dass es eine Grundform mit **a** gibt.
   › **ä**tzen, d**ä**mmern, Gel**ä**nder, L**ä**rm, Sch**ä**rpe

4. In wenigen Wörtern schreibt man **e**, obwohl es eine Grundform mit **a** gibt.
   Eltern - (trotz) **a**lt

Aufgabe 1

Hier werden ganz besondere Fischspezialität angeboten. Suche aus den Angeboten alle Wörter mit e und ä heraus und ordne sie in die Tabelle ein.

Unsere Fischspezialitäten

- Filet ohne Gräten
- bärenstarke Krebse
- quellfrische Forellen
- Fischbällchen mit Gewürzbeeren
- Heringe in Gläsern
- märchenhafte Äquatorfische
- kräftige Seefelchen*

** Felchen sind Süßwasserfische, die auch im Bodensee vorkommen.*

e	ä

Aufgabe 2

Schreibe zuerst das Stammwort auf die Linie und ergänze dann die Lücken.

Sch____dlinge
besch____digen → ____________________
sch____dlich

Geldf____lscher
f____lschlicherweise → ____________________
verf____lschen

Vertr____tung
Tr____tmühle → ____________________
vertr____tbar

Aufgabe 3

Ergänze die Lückenwörter.

Hahn	H_____hnchen	waschen	W_____sche
Zw_____rg	Zwerge	Apfel	_____pfel
Kr_____nz	Kränze	Sch_____le	Schälchen
F_____der	Federchen	Pferd	Pf_____rdchen

Aufgabe 4

Hier ist etwas durcheinandergeraten. Schreibe die Wörter richtig auf.

Trägung Grätschbruch Säbeltrupp Dämmerkeit Märchensprung Mädchenklinge Dämlichheit Schädelfee Spähkleid

Aufgabe 5

Löse folgendes Silbenrätsel. Die angegebenen Silben helfen dir.

z													
Ä													
f		h											
g					n								
b				b		g							
h			s			c							
h			s	c				n					
a			m			l							
S		b			s					e			
H			d		g					f	f		
P		p		g					k				g

Äh – all – be – bel – big – de – en – fä – fig – gäh – ge – gei – häss – hä – hät – hig – Hun – kä – kläff – lich – lich – mäh – nen – Pa – pa – re – Sä – scheln – spit – zäh – ze

4.2 Stolpersteine I

Folgende Wörter werden gleich gesprochen; sie werden aber unterschiedlich geschrieben und haben verschiedene Bedeutung.
Die verschiedenen Bedeutungen sind durch die Schreibung mit **e** oder **ä** zu erkennen.

Stelle
an der Unfallstelle sein

Ställe
das Vieh in die Ställe treiben

Lerche

Die Lerche trällert ein Lied.

Lärche

Der Lärchenbaum grünt.

Geste
mit freundlicher Geste begrüßen

Gäste
Die Gäste betreten das Haus.

Strenge
Das Kind wird streng erzogen.

Stränge
wenn alle Stränge reißen

Schwemme
die Straße überschwemmen

Schwämme
Schwämme für die Tafel

Gewehr
mit dem Gewehr schießen

Gewähr
Sie übernimmt keine Gewähr.

4.3 eu oder äu

1. Man schreibt **äu** statt **eu**, wenn es eine Grundform mit **au** gibt.
   › Geb**äu**de – b**au**en, schn**äu**zen – Schn**au**ze,
   verbl**äu**en – bl**au**, Gr**äu**el – Gr**au**en

   Tipp: Wenn du unsicher bist, suche immer ein verwandtes Wort!

2. In wenigen Wörtern schreibt man **äu**, ohne dass es eine Grundform mit **au** gibt.
   › Kn**äu**el, S**äu**le, sich str**äu**ben, sich r**äu**spern

Aufgabe 6

Hier wird mit Silben jongliert. Bilde daraus Wörter und schreibe sie in die Tabelle auf der rechten Seite.

eu	äu

Aufgabe 7

Ordne jedes der angegebenen Wörter seinem Grundwort zu.

Käufer, häufig, Neuling, Säure, ~~abräumen~~, äußern, säubern, Geräusch, Gebäude, Säugling, täuschen, häuslich

Raum *abräumen*

sauber ____________________

sauer ____________________

neu ____________________

Tausch ____________________

rauschen ____________________

kaufen ____________________

bauen ____________________

außen ____________________

Haufen ____________________

Haus ____________________

saugen ____________________

Aufgabe 8

Setze die Wörter vom Singular in den Plural. Schreibe die Pluralwörter auf.

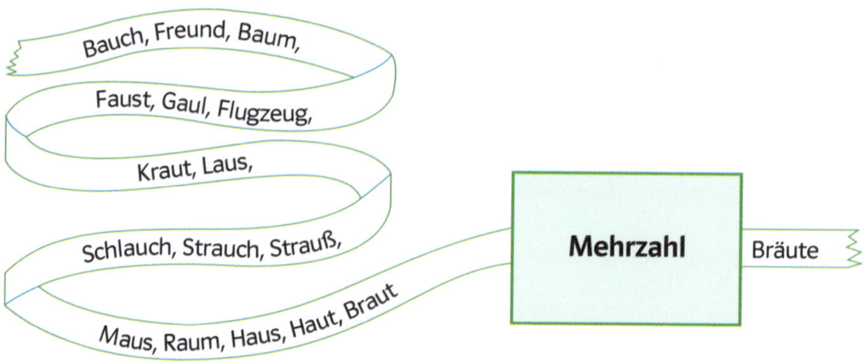

____

____

____

____

Aufgabe 9

Bilde die Verkleinerungsformen mit -chen.

Baum – *Bäumchen*

Daumen – ______________

Pflaume – ______________

Beutel – ______________

Schaufel – ______________

Freund – ______________

Taube – ______________

Teufel – ______________

Strauß – ______________

Mauer – ______________

4.4 Stolpersteine II

Gleiche Aussprache – unterschiedliche Schreibung

Folgende Wörter werden gleich gesprochen; sie werden aber unterschiedlich geschrieben und haben verschiedene Bedeutungen.

Leute

Jemand ist leutselig.

läuten

Glocken läuten.

heute

Heute ist der 20. Mai.

Häute

Aus Tierhäuten macht man Leder.

Aufgabe 10

äu oder eu? Schreibe die richtigen Buchstaben in die Lücken.

H______te war ein gr______lich verhangener Novembertag. Einige L______te entdeckten kurz nach dem Mittagsl______ten einen Toten. Er lag unter B______men im Park und war teilweise durch Tierh______te verdeckt: Eine Verk______ferin verständigte die Polizei. Kurz darauf erschien ein Polizeil______tnant, um die Gr______eltat zu untersuchen. Der unbekannte Ermordete ist 1,72 m groß, hat br______nliches Haar und trägt einen gr______lichen Pullover zu bl______lichen Jeans. Die Bevölkerung wird um Mithilfe bei der Aufklärung dieses gr______lichen Verbrechens gebeten.

4.5 ei oder ai

Wenn du Wörter mit **ei** oder **ai** laut liest, merkst du, dass sie gleich gesprochen werden. Du kannst daher auch hier nicht von der Aussprache eines Wortes auf dessen Schreibweise schließen. Merke dir darum die folgenden Regeln.

1. In wenigen Wörtern schreibt man **ai** statt **ei**.
   Diese Wörter musst du dir einprägen:
   Bai, Hai, Hain, Jamaica, Kai, Kain, Kaiser, Laib, Laich, Laie, Lakai, Mailand, Main, Mainz, Mais, Rain, Saite, Taifun, Waise und die Fremdwörter Detail, Taille.
2. Das **ay** kommt als Ausnahme nur im Wort Bayern vor.

Aufgabe 11

Ordne die 12 Wörter aus dem Scrabble in die Tabelle ein.

					B							
O	B	E	R	B	A	Y	E	R	N			
			A		Y		I		E	I	N	S
	B	A	I		E		L		I			E
	E		N		R		E	I	N			I
E	I						N					N
	L	A	I	B								

ei	ai	ay

Aufgabe 12

Bilde zusammengesetzte Nomen und schreibe sie auf.

Jamaika → Rum	Weite	______
Brot	Feld	______
Kai	Plan	______
Detail	Mauer	______
Mais	Rum	______
Geigen	Laib	______
Buchen	Hain	______
Taillen	Saite	______

Aufgabe 13

Hier ist etwas durcheinandergekommen. Schreibe die richtig zusammengesetzten Wörter auf.

Hafenrain	Froschwaise	Kaifisch
Futterbai	Halblaib	Kaisermauer
Wegmais	Brotlaich	Haikrone

______ ______

______ ______

______ ______

______ ______

______

Aufgabe 14

Löse das Leiterrätsel.

1 Getreideart
2 Monatsname
3 Titel für einen Herrscher
4 Ufermauer
5 Kind ohne Eltern
6 Ackergrenze
7 Fluss durch Würzburg
8 Diener
9 gefährlicher Raubfisch
10 Nichtfachmann
11 Fisch- oder Froscheier
12 geformtes Brot
13 Stadt am Rhein
14 Bruder Abels

Aufgabe 15

Bilde Verben wie angegeben.

w		h	f	t	z	n	r		
e									
i									
h	l				g		t	z	ß
e									
n									

4.6 Stolpersteine III

Gleiche Aussprache – unterschiedliche Schreibung

Folgende Wörter werden gleich gesprochen; sie werden aber unterschiedlich geschrieben und haben verschiedene Bedeutung. Die verschiedenen Bedeutungen sind durch die Schreibung mit **ei** oder **ai** zu erkennen.

Saite
Geigensaite

Seite
Buchseite

Laib
Brotlaib

Leib
Leibschmerzen

Waise
Waisenkind

Weise
Rat der Weisen

Rain
Wegrain

Rhein
Rheinmündung

rein
reine (= saubere) Hände haben

Kain
Kain und Abel

kein
keine Lust

Main
Mainufer

mein
meine Eltern

Aufgabe 16

ei oder ai? Setze die richtigen Buchstaben ein.

Wanderung im M____

An einem Morgen im M____ rüsteten wir uns für ____ne Wanderung. ____n L____b Bauernbrot, harte ____er und f____ne S____ten-würste kamen in den Rucksack. Die Butter wurde in ____ner Dose verpackt und in ____n feuchtes Tuch gewickelt.

Vorb____ an W____den, W____zen- und M____sfeldern strebten wir den Bergen zu. Klatschmohn und Löwenzahn säumten Wege und R____ne. Die H____nbuchen und Birken z____gten zartgrünes Laub. An ____nem stillen W____her wurde ____ne kl____ne Rast ____ngelegt. Aus dem Froschl____ch waren ber____ts Kaulquappen geschlüpft. Z____sige und Blaum____sen erfreuten uns mit ihrem Gezwitscher.

Nach ____ner W____le ging es st____l bergan und mir brach bald der Schw____ß aus.

Als wir den Gipfel err____cht hatten, wurden wir durch ____nen herrlichen Ausblick über das w____te Land für unsere Mühen belohnt. Die Luft war an diesem Tag so r____n und klar, dass man die Alpenkette vom Hochrh____n bis nach B____ern erkennen konnte.

Abschlusstest online 4

Toll! Du hast das **Kapitel 4 – Gleich und ähnlich klingende Vokale** durchgearbeitet. Dabei hast du einige Rechtschreibhilfen kennen gelernt, die dir helfen, dich für die richtige Schreibung bei Wörtern mit e/ä, eu/äu oder ai/ei zu entscheiden.

So funktioniert der Abschlusstest online:
Um deinen Lernerfolg zu überprüfen, kannst du nun die Tests online machen. Gehe auf
www.klasse5bis10.klett-lerntraining.de/4Y7S
und registriere dich wie vorne im Buch beschrieben.

Welche Tests es gibt, siehst du unten in der Tabelle. Nach jedem Test bekommst du eine Auswertung.

Willst du immer im Blick haben, welche Themen du schon kannst oder was du besser nochmal wiederholen solltest? Dann notiere deine Ergebnisse aus den Abschlusstests in der Tabelle.

Mein Ergebnis im Abschlusstest – Kapitel 4

Thema	Mein Ergebnis
e oder ä	
eu oder äu	
ei oder ai	

5 Gleich und ähnlich klingende Konsonanten

5.1 Die x-Laute

ks, x, chs, gs oder cks

Die x-Laute **ks**, **x**, **chs**, **gs** oder **cks** werden meist gleich gesprochen, aber unterschiedlich geschrieben. Du kannst also nicht von der Aussprache eines Wortes auf dessen Schreibweise schließen. Deshalb ist es wichtig, dass du dir die Regeln merkst.

1. Wenige Wörter werden mit **ks** geschrieben.
   › Keks, Koks, links, murksen und schlaksig
2. Das **x** steht
   - in einigen deutschen Wörtern.
     › Axt, Faxen, feixen, Hexe, kraxeln, lax, Nixe
   - und in vielen Fremdwörtern.
     › Exemplar, Express, Praxis, Lexikon
3. Das **chs** schreibt man nur in einigen Wörtern.
   › Achse, Achsel, Büchse, Dachs, drechseln, Echse, Flachs, Fuchs, Lachs, Luchs, Ochse, sechs, Wachs, wachsen, Wechsel, Wichse

   Achtung: Diese Wörter lassen sich nicht ableiten. Du musst sie dir durch die nachfolgenden Übungen einprägen.
4. Bei einigen Wörtern mit **gs** und **cks** hilft dir die Ableitung.
   gs: anfangs – anfangen
   cks: zwecks – Zweck

Aufgabe 1

Suche aus dem Gedicht „Kleine Hexerei" die Wörter mit x, ks, cks, chs und gs heraus und ordne sie in die Tabelle ein.

Kleine Hexerei

Krickel, kraxel, Klecks –
da kommt die alte Hex;
holt flugs das Hexenbuch herbei,
knackst von der Echse schnell ein Ei
und rührt es mit der Nixe Zopf
in ihrem großen Kupfertopf.

Sie braut auf Kokses Flammen
den Zaubertrunk zusammen.

Geheimnisvoll ist die Mixtur;
sie braucht mal viel, mal wenig nur:
sechs Haare von dem Dachs,
zwei Flossen von dem Lachs,
samt Krallen von dem Fuchs
und Augen von dem Luchs.

Soll zum Erfolg dies führen,
muss links herum sie rühren;
muss erst auf einem Beine stehn,
dann rings um ihren Kessel gehn.
Den Text aus ihrem Hexenbuch
muss murmeln sie als Zauberspruch.

Krickel, kraxel, Klecks –
fertig ist die Hex.

ks	x	chs	gs	cks

Aufgabe 2

Bei diesen zusammengesetzten Nomen fehlt ein Teil. Ergänze die Lücken mit den angegebenen Wörtern.

Axt, boxen, Experte, Explosion, Export,
extra, fix, Fox, Hexen, Lexikon, Luxus, Praxis

E__________gefahr	Streit__________
Wirtschafts__________	__________terrier
__________stern	Arztp__________
E__________blatt	__________besen
E__________kaufmann	__________kampf
L__________jacht	Fremdwörter__________

Aufgabe 3

Schreibe die beim Scrabble gelegten Wörter auf die Linien.

K	E	K	S		M			
O					U			
K					R		L	
S	C	H	L	A	K	S	I	G
					S		N	
					E		K	
					N		S	

____________________ ____________________

____________________ ____________________

____

Aufgabe 4

Suche zu den Wörtern mit gs mögliche Ableitungen und schreibe sie auf.

unterwegs – *Weg*
anfangs – ______________________
mittags – ______________________
rings – ______________________
Anhängsel – ______________________
allerdings – ______________________
flugs – ______________________
längs – ______________________
tagsüber – ______________________

Aufgabe 5

Suche zu den Wörtern mit cks mögliche Ableitungen und schreibe sie auf.

zwecks – *Zweck*
augenblicks – ______________________
hinterrücks – ______________________
Klecks – ______________________
Knacks – ______________________
Knicks – ______________________
tricksen – ______________________

5.2 Die f-Laute

f, v oder ph

Die f-Laute **f**, **v** oder **ph** werden meistens gleich gesprochen, aber unterschiedlich geschrieben. Du kannst also nicht von der Aussprache eines Wortes auf dessen Schreibweise schließen. Merke dir deshalb die folgenden Regeln, sie helfen dir bei der richtigen Schreibung.

1. In sehr vielen Wörtern schreibt man **f**.
   › Fabel, Faden, fertig, Graf, Hof

2. In einigen Wörtern schreibt man **v**. Die Vorsilbe **ver-** und **vor-** werden immer mit **v** geschrieben.
   › brav, Nerv, Volk, Vogel, verwirren, vorwerfen

3. In einer Reihe von Fremdwörtern wird **v** wie **w** gesprochen.
   › Vanille, Violine, Vitrine

4. Viele Fremdwörter schreibt man mit **ph**.
   › Phase, Atmosphäre, Prophet, Katastrophe

Einige Fremdwörter mit f-Laut sind der deutschen Schreibung angepasst worden und dürfen inzwischen mit **f** statt mit **ph** geschrieben werden.
› Fantasie, fantastisch, Foto, fotografieren, Telefon, Geografie, geografisch

Tipp: Diese „Eselsbrücke" kann dir bei der richtigen Schreibung helfen.

> Vers, Vetter, Veilchen, brav, verwandt,
> sind als v-Wörter bekannt.
> Doch auch Vater, viel und vier,
> die zu merken rat ich dir.
> Auch noch Vogel, Volk und voll
> man mit v stets schreiben soll;
> auf dass es aber alles wär,
> denk noch an die Silben vor- und ver-.

Aufgabe 6

Suche aus dem Werbeangebot die Wörter mit f, v und ph heraus und ordne sie in die Tabelle ein.

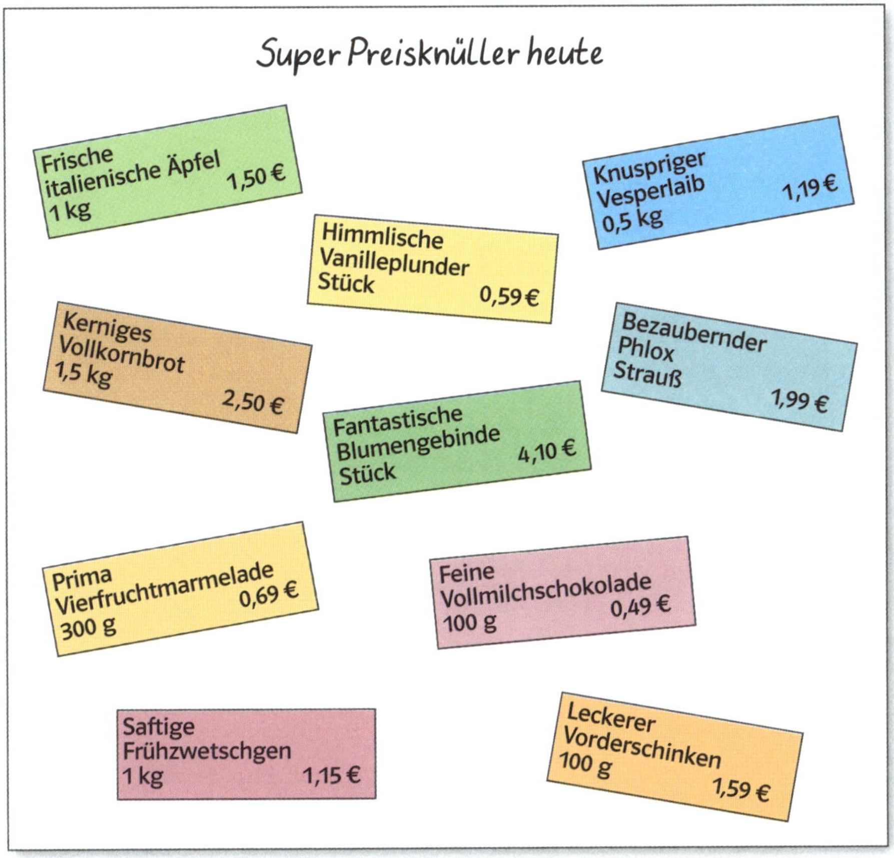

f	v	ph

5.3 f oder v

1. In sehr vielen Wörtern schreibt man **f**.
   › Fabel, Faden, fertig, Graf, Hof

2. In einigen Wörtern schreibt man **v**. Die Vorsilbe **ver-** und **vor-** werden immer mit **v** geschrieben.
   › brav, Nerv, Volk, Vogel, verwirren, vorwerfen

Aufgabe 7

Bilde neue Nomen, indem du die Anfangsbuchstaben gegen ein f oder v austauschst und schreibe sie auf.

~~Pilz~~, Bett, Kater, Sahne, Darm, Bibel,
Wetter, Dach, Glocke, Glut, Hase, Laden,
Tisch, Weilchen, Nest, Ball

f
v

Filz, ________________________________

____

____

Aufgabe 8

Durch die Vorsilbe ver- kannst du jeweils ein neues Wort mit einer neuen Bedeutung bilden. Schreibe sie auf.

lassen	– *verlassen*	heilen	– __________
dunkel	– __________	fein	– __________
kurz	– __________	fluchen	– __________

hungern	–	______	besser	–	______
spotten	–	______	edel	–	______
bitter	–	______	reisen	–	______
tief	–	______	tauschen	–	______
einig	–	______	faulen	–	______
ehren	–	______	klein	–	______
spät	–	______	rosten	–	______
enden	–	______			

Aufgabe 9

Bilde zusammengesetzte Nomen mit Ver-, Voll-, Vor- oder Vorder-.
Schreibe die Wörter auf.

die -sammlung, das -kornmehl, das -rad, der -kehr, der -brauch, der -dacht, das -teil, die -achse, die -silbe, der -bart, das -steck, der -rat, der -band, die -gangenheit, die -milch, der -mond, der -turner, das -trauen, die -freude

Aufgabe 10

Bilde zusammengesetzte Nomen. Beachte, dass am Wortanfang sowohl Wörter aus der linken als auch Wörter aus der rechten Spalte stehen können.

Violin(e)	Markt
Verlies	Vereins
Veilchen	Spieler
Land	Vulkan
Lied	Zählung
Vorstand	Burg
Vogel	Pudding
Kammer	Versand
Volk(s)	Scheuche
Geschäft	Vesper
Lichtbilder	Vers
Ausbruch	Vorrat(s)
Vieh	Vortrag
Brot	Vater
Vanille	Duft

5.4 ph

Viele Fremdwörter schreibt man mit **ph**.
› Phase, Atmosphäre, Prophet, Katastrophe

Einige Fremdwörter mit f-Laut sind der deutschen Schreibung angepasst worden und dürfen inzwischen mit **f** statt mit **ph** geschrieben werden.
› Fantasie, fantastisch, Foto, fotografieren, Telefon, Geografie, geografisch

Aufgabe 11

Diese Wörter kannst du mit ph oder f schreiben. Ergänze die Lücken.

Graphik	–	*Grafik*
Mikrophon	–	____________
____________	–	Fantasie
Symphonie	–	____________
stenographieren	–	____________
____________	–	telegrafieren
Delphin	–	____________
____________	–	Paragraf

Diese Fremdwörter schreibt man weiterhin nur mit ph. Schreibe sie zur Übung ab.

Atmosphäre (Maßeinheit für Druck; Stimmung) ____________

Peripherie (Umfangslinie, Rand, Randgebiet) ____________

Phase (Abschnitt bei einem Ablauf) ____________

Physik (Naturlehre) ____________

Katastrophe (unheilvolles Ereignis) ____________

5.5 f, v, ph

Aufgabe 12

Lies diesen Text und ergänze die richtigen Buchstaben (f, v oder ph).

Die erste ___ ahrstunde

Heute hat ___ ilipp die erste ___ ahrstunde hinter sich gebracht. Als er ins ___ ahrzeug stieg, war er recht ner ___ ös. Der ___ ahrlehrer aber sorgte ___ ür eine entspannte Atmos ___ äre. Als an einer Ampel die Grün ___ ase kam, würgte ___ ilipp den Motor ab. An einer ge ___ ährlichen Kreuzung beachtete er die ___ or ___ ahrt nicht und es hätte ___ ast eine Katastro ___ e gegeben. Zum Glück war der ___ ahrlehrer au ___ alles ge ___ asst.
Schließlich kamen sie in die Außenbezirke der Stadt und der ___ erkehr wurde ruhiger. Hier musste ___ ilipp ___ orwärts und rückwärts ___ ahren. Dabei stieß er einmal mit dem ___ orderrad an den Bordstein.
Am Schluss der ___ ahrstunde war ___ ilipp ___ ix und ___ ertig.

Abschlusstest online 5

Super! Du hast das **Kapitel 5 – Gleich und ähnlich klingende Konsonanten** durchgearbeitet. Du hast dich mit den x-Lauten und f-Lauten beschäftigt, und bist in der Schreibung von Wörtern mit gleich und ähnlich klingenden Konsonanten nun viel sicherer.

So funktioniert der Abschlusstest online:
Um deinen Lernerfolg zu überprüfen, kannst du nun die Tests online machen. Gehe auf
www.klasse5bis10.klett-lerntraining.de/4Y7S
und registriere dich wie vorne im Buch beschrieben.

Welche Tests es gibt, siehst du unten in der Tabelle. Nach jedem Test bekommst du eine Auswertung.

Willst du immer im Blick haben, welche Themen du schon kannst oder was du besser nochmal wiederholen solltest? Dann notiere deine Ergebnisse aus den Abschlusstests in der Tabelle.

Mein Ergebnis im Abschlusstest – Kapitel 5

Thema	Mein Ergebnis
x-Laute	
f, ph, v	

6 Groß- und Kleinschreibung

6.1 Grundregeln zur Groß- und Kleinschreibung

Die Groß- und Kleinschreibung ist ein schwieriges Kapitel in der deutschen Rechtschreibung. Um hier zu vereinfachen, hat man immer wieder vorgeschlagen, eine „gemäßigte Kleinschreibung" einzuführen. Darunter versteht man, dass alle Wörter kleingeschrieben werden. Nur die Namen, die Eigennamen und das Wort am Anfang des Satzes oder einer Überschrift werden großgeschrieben.
Macht man es sich aber nicht zu leicht, wenn man die deutsche Rechtschreibung so vereinfachen will?
Darüber gehen die Meinungen weit auseinander. Unter Experten wird darüber immer wieder heftig diskutiert. Dieses Interview mit dem **von uns erfundenen** Herrn Professor Deutschmann nennt dir einige Überlegungen dazu.

Interview

I.: Herr Professor Deutschmann, Sie haben sich schon immer dafür eingesetzt, die Groß- und Kleinschreibung beizubehalten. Warum sind Sie nicht für die gemäßigte Kleinschreibung, wie sie beispielsweise die Engländer schon lange und die Dänen seit 1948 haben?

D.: Zunächst bin ich gegen die Kleinschreibung, weil dadurch das Lesen eines Textes erschwert wird. Die Großbuchstaben gliedern das Schriftbild. Das lesende Auge erfasst den Text mit seinen Wortgestalten besser. So kann der Lesende den Sinn des Geschriebenen schneller erfassen.

I.: Das scheint mir zu vordergründig. Schon nach kurzer Zeit hätten wir uns an das Schriftbild bei der Kleinschreibung gewöhnt, auch wenn es uns jetzt vielleicht ungewohnt oder fremd vorkommt.

D.: Ich würde Ihnen zustimmen, wenn das meine einzige Begründung wäre. Ohne Großschreibung kommt es nämlich zu Missverständnissen. Nehmen Sie doch nur einmal den folgenden Satz in Kleinschreibung: „der gefangene floh." Wurde nun ein Floh gefangen oder floh ein Gefangener?

I.: Das leuchtet mir ein. Es ist aber recht mühsam, sich in den Dschungel von Regeln für die Groß- und Kleinschreibung einzuarbeiten.
D.: Ganz so schlimm ist es nun doch nicht. Trotz der Zahl der Regeln kann man mit vier Grundregeln schon sehr weit kommen:

Vier Grundregeln zur Groß- und Kleinschreibung

1. Alle Nomen und alle als Nomen gebrauchten Wörter schreibt man groß.
   › das Schiff, beim Springen, alles Schöne, kein Für und Wider
2. Alle Eigennamen schreibt man groß.
   › das Schwarze Meer, die Königsberger Klopse, der Heilige Abend
3. Spricht man in einem Brief jemand höflich mit **Sie** oder persönlich mit **Du** oder **Ihr** an, dann werden diese Anredepronomen und die entsprechenden Possessivpronomen **Ihr**/**Dein**/**Euch** großgeschrieben.
   › Ich beglückwünsche **Sie** zu **Ihrem** heutigen Festtag.
   Kannst **Du** zu **Deinem** Geburtstag eine Torte backen?

   Aber: In einem persönlichen Brief kann man die Anredepronomen **du** und **ihr** sowie die entsprechenden Possessivpronomen **deine** und **euer** auch kleinschreiben.
   › Ich beglückwünsche **dich** zu deinem heutigen Festtag.
4. Das erste Wort in einem Satz oder einer Überschrift schreibt man groß.

I.: Diese vier Regeln sind eigentlich leicht zu behalten. Kommt man damit aber in allen Rechtschreibfällen aus?
D.: Man kommt mit diesen Regeln tatsächlich in den allermeisten Fällen aus. Eine Schwierigkeit tritt auf, wenn es zu entscheiden gilt, ob ein Wort als Nomen gebraucht wird oder nicht, z.B.
- Das Grün des Grases ist erfrischend.
- Das Gras ist erfrischend grün.

Im ersten Satz wird das Adjektiv grün als Nomen verwandt, im zweiten Satz ist grün ein im Prädikat stehendes Adjektiv.
I.: Herr Professor Deutschman, wir danken Ihnen für Ihre Ausführungen.

6.2 Nomen (Substantive)

Du weißt bereits, dass Nomen (Substantive, Hauptwörter) großgeschrieben werden. Sie bezeichnen Lebewesen, Gegenstände, Gedanken und Gefühle.

Wie erkenne ich Nomen?

1. Du erkennst Nomen an ihren vorangestellten Begleitern, wie
   - bestimmte oder unbestimmte Artikel.
     › das/ein Haus, der/ein Gedanke, das/ein Glück, die/eine Freude
   - Pronomen.
     › mein Buch, unsere Freunde
   - Präposition und Artikel.
     › am (an dem) Abend
   - unbestimmte Mengenangaben.
     › viele/manche Tiere

2. Viele Nomen kannst du an den Endungen **-heit**, **-keit**, **-schaft**, **-nis**, **-sal**, **-ung**, **-tum** und **-ling** erkennen.
   › Verwandtschaft, Neuling, Zeugnis, Eitelkeit, Mühsal

3. Nomen können auch **zusammengesetzte Wörter** sein,
   - aus zwei oder mehreren Nomen.
     › Fußballspiel, Eismeer
   - aus einem Nomen und einem anderen Wort, wenn das Grundwort ein Nomen ist.
     › das Blaulicht (Blau = Bestimmungswort, Licht = Grundwort) **aber**: himmelblau (himmel = Bestimmungswort, blau = Grundwort)

Tipp:
Bist du unsicher, führe den Nomentest durch.
- Du kannst einen unbestimmten oder bestimmten Artikel davorsetzen.
- Du kannst von dem Wort den Plural (Mehrzahl) bilden.
- Das Wort besitzt eine typische Endung (Nachsilbe).

Aufgabe 1

Lies das Horoskop und ordne dann die Nomen richtig in die Tabelle ein.

Zwillinge (21.5. bis 21.6.)
Diese Woche erlebst du einen Auftrieb. Hüte dich aber vor Angebertum und Selbstbetrug. Sonst könnte eine Freundschaft in die Brüche gehen.

Krebs (22.6. bis 22.7.)
Du kannst deinem Temperament freien Lauf lassen. Hüte dich aber, einen Dickkopf aufzusetzen; das könnte eine unverzeihliche Dummheit sein.

Löwe (23.7. bis 23.8.)
In den nächsten Tagen steht dir ein freudiges Erlebnis bevor. Das Schicksal meint es gut mit dir. Das ist aber kein Grund zur Überheblichkeit.

Jungfrau (24.8. bis 23.9.)
Halte an deinen guten Vorsätzen im Umgang mit Geld fest. Nur Hochstapler kennen keine Beherrschung.

Nomen als ein Wort	Nomen mit den Nachsilben -heit, -keit, -sal …	Nomen als zusammengesetzte Wörter

Aufgabe 2

Ergänze einen bestimmten Artikel (der, die, das) oder einen unbestimmten Artikel (ein, eine, ein).

__________ **Radtour**

__________ Schülerinnen und Schüler __________ Klasse 6c unternahmen __________ Radtour. __________ Ziel waren __________ Burgen in __________ Umgebung. Alle hatten __________ Fahrrad schwer bepackt. Bei Sonnenschein ging es mit heiterer Gelassenheit los. Bald wurde __________ Gruppe stiller. __________ Sonne brannte vom Himmel. __________ Durst wurde immer größer. __________ Mädchen hatte __________ Reifenpanne, __________ Junge stürzte vom Rad. __________ Stimmung wurde gedrückt. Um keine Mutlosigkeit aufkommen zu lassen, legte __________ Gruppe __________ Ruhepause ein.

Aufgabe 3

Bilde zusammengesetzte Nomen. Schreibe die neuen Wörter in Gruppen mit derselben Endung auf.

EIGEN	GRAF	EITEL	EINIG	RINN	SCHEU	FEIG	BÜCK
SCHAFT		KEIT		SAL		LING	
KÜHN	TOR	MANN	BÜRG	LAND	PRÜF	FREUND	GEMEIN
HEIT		SCHAFT		UNG		SCHAFT	
SCHICK	MÜH	BILD	ERLEB	IRR	SIECH	SAUBER	TAPFER
SAL		NIS		TUM		KEIT	
BRAUCH	EIGEN	SPER	ZÖG	IMPF	HEIZ	DUMM	GESUND
TUM		LING		UNG		HEIT	
ALTER	REICH	FRECH	KLUG	HEMM	ZEUG	LAB	TRÜB
TUM		HEIT		NIS		SAL	

Aufgabe 4

Hier ist etwas durcheinandergeraten. Überlege was zusammenpasst und schreibe die Wörter richtig auf.

Kennschule	Grauspecht	Vielschrift
Leitzeichen	Rotmeise	Rückfraß
Fahrplanke	Buntkehlchen	Überweg

Aufgabe 5

Bilde zusammengesetzte Nomen und schreibe sie auf.

ein	Rad	________________
edel	Haus	________________
treiben	Horn	________________
vor	Sucht	________________
weich	Stoff	________________
rennen	Maschine	________________
selbst	Metall	________________
hoch	Sicht	________________
schleifen	Specht	________________
bunt	Tor	________________
eigen	Käse	________________
blau	Licht	________________

Aufgabe 6

Findest du die 10 Rechtschreibfehler, die sich in diesen Text eingeschlichen haben? Achte besonders auf die Groß- und Kleinschreibung. Unterstreiche die falsch geschriebenen Wörter und schreibe sie unten richtig auf.

Die nutzung der Windenergie

Die Kreuzfahrer haben auf ihren Zügen ins Morgenland die windmühlen kennen gelernt. Heute baut man Windkraftanlagen, beispielsweise in den bergen östlich von Los Angeles. In den wüsten nahe dieser Stadt steigt die Luft durch erwärmung auf. Kühle Luftmassen vom Meer strömen nach und nehmen ihren weg über Gebirgspässe in das landesinnere. Dabei erreichen sie Geschwindigkeiten von mehr als 80 km/h.

So günstige klimatische verhältnisse findet man nicht überall. Versuchsanlagen wurden in den letzten jahren auch in den deutschen Mittelgebirgen aufgestellt. Es wäre aber ein irrtum, wenn man glaubte, man könnte bei uns eines Tages die versorgung mit elektrischem Strom nur durch die Windenergie bestreiten.

____

____

____

____

____

____

6.3 Nominalisierte Verben

Nominalisierte Verben

Verben werden großgeschrieben, wenn sie als Nomen gebraucht werden. Nominalisierte Verben sind durch bestimmte Begleiter gekennzeichnet:

1. den bestimmten oder unbestimmten Artikel.
   › **das** Kochen, **ein** **K**ommen und **G**ehen
2. ein vorangestelltes Pronomen.
   › **dein** Können, **ihre** Bücher, **dieses** Strahlen
3. vorangestellte Adjektive mit oder ohne Artikelwort.
   › **ein gutes** Gelingen, **lautes** Schnarchen, **sicheres** Gewinnen
4. eine vorangestellte Präposition.
   › **zum** Gurgeln, **zum** Einreiben, **beim** Wandern

Aufgabe 7

Wende die Regeln aus dem Merkkasten auf den Text an. Hinter jedem nominalisierten Verb befindet sich eine Klammer. In diese schreibst du die zutreffende Ziffer der Regel aus dem Merkkasten.

Ihr Schimpfen (   ) wird ihnen nichts nützen.

Mit Zittern (   ) hat er seine Prüfung bestanden.

Gründliches Nachdenken (   ) und sorgfältiges Arbeiten (   ) führt rascher ans Ziel als gedankenloses Handeln (   ).

Das Bellen (   ) des Hundes erschreckt den Dieb.

Geistesgegenwärtiges Bremsen (   ) verhinderte schon manchen Unfall.

Beim Schreiben (   ) musst du dich konzentrieren.

Der hat ja von Tuten und Blasen (   ) keine Ahnung.

Das war ein Sausen und Brausen (   )!

Aufgabe 8

Lies das Mail. Ordne alle Verben, die als Nomen gebraucht werden, anschließend in die Tabelle ein.

Lieber Max,

gern denke ich an die mit dir verbrachten drei Wochen zurück.
War das ein tolles Leben auf dem Bauernhof! Jeder Tag war schön!
Das Herumstrolchen mit dem Hund Cäsar und sein fröhliches Bellen vermisse ich besonders. Und dein Können beim Klettern in den Bergen werde ich noch lange bewundern.

Für das neue Schuljahr wünsche ich dir gutes Gelingen. Ich allerdings sehe der Schule mit gemischten Gefühlen entgegen. Zum Lernen fehlt mir noch die Lust. An das Sitzen und dieses ständige Pauken werde ich mich erst wieder gewöhnen müssen. Doch lautes Jammern hilft nichts – also packen wir es wieder an!

Viele Grüße

Patrick

Verb als Nomen mit Artikelwort	Verb als Nomen mit Pronomen	Verb als Nomen mit Adjektiv	Verb als Nomen mit Präposition

Aufgabe 9

Setze richtig ein. Schreibe die vollständigen Sätze zur Übung ab.

singen/Singen

Unser ______________ erfreut die Zuhörer. Schönes ______________ ist ein Genuss. Kannst du nicht dein ______________ bleiben lassen? Kannst du gut ______________? Er störte die Nachtruhe der Nachbarn durch lautes ______________.

denken/Denken

Manche Leute ______________ zu wenig. Schnelles ______________ führt zum Erfolg. Erst ______________, dann handeln! Beim ______________ will man nicht gestört werden. Ich werde an dich ______________.

spielen/Spielen

Wir ______________ im Garten. Die Kinder sind beim ______________. Willst du mit mir ______________? Hast du Lust zum ______________? Heute will ich mit meinen Freunden ______________.

wandern/Wandern

Das ______________ ist des Müllers Lust. Zum richtigen ______________ gehört festes Schuhwerk. Der Albverein geht am Sonntag ______________. Häufiges ______________ hält dich fit und gesund. Beim ______________ haben wir schon viele schöne Erlebnisse gehabt.

6.4 Nominalisierte Adjektive

Adjektive werden großgeschrieben, wenn sie als Nomen (Substantive) gebraucht werden. Dieses Vorgehen nennt man **Nominalisierung oder Substantivierung** von Adjektiven.

Adjektive können durch diese Begleitwörter zu Nomen werden:

- mithilfe eines **Artikels**.
  › das Wunderbare, das Beste, die Schöne
- mithilfe eines **Pronomens**.
  › unser Wertvollstes, dein Liebstes, mein Lieber!
- mithilfe einer **Präposition**.
  › aufs Geratewohl, ins Schwarze treffen, im Trüben fischen
- mithilfe einer **unbestimmten Mengenangabe**.
  › viel Schönes, allerlei Grobes, wenig Brauchbares

Aufgabe 10

Ordne die nominalisierten Adjektive aus dem Prospekt in die Tabelle ein.

Südseezauber – etwas Exotisches

Wenn Sie das Besondere lieben, werden Sie dieses Angebot begrüßen. Es ist eine Reise ins Ungewisse. Es erwartet Sie ein Paradies, das Ihnen das Prächtigste bietet: strahlende Sonne, blinkendes Meer, freundliche Inselbewohner … Diese Umgebung hat etwas Heiteres und Unbeschwertes.
Es sind einige Fahrten ins Blaue vorgesehen; das wird Ihnen einen unvergesslichen Eindruck vom Wundervollen der Südsee vermitteln.
Wir werden stets unser Bestes tun, um Ihnen den Aufenthalt angenehm zu gestalten.

nominalisiertes Adjektiv mit Artikelwort	nominalisiertes Adjektiv mit Pronomen	nominalisiertes Adjektiv mit Präposition	nominalisiertes Adjektiv mit Numerale

Aufgabe 11

Überlege, woran du im folgenden Text erkennen kannst, ob das farbige Adjektiv zu einem Nomen wird oder nicht. Streiche dann die falschen Anfangsbuchstaben.

Unsere Klasse ist ein bunt zusammengewürfelter Haufen. Das erkennt man schon daran, dass viel **B/buntes** die Wände schmückt. An der Seite neben der Tür hat jeder **E/einzelne** ein Foto von sich aufgehängt.

Unsere **Ä/älteste** heißt Mathilde. Sie ist aber nicht die **G/größte**, sondern fast die **K/kleinste**.

Die **A/allerkleinste** Schülerin heißt Emily, aber wir nennen sie nur Emmy. Emmy ist im Turnen die **B/beste**. Dann ist da noch Jana. Sie hält sich für die **S/schönste** von allen, denn sie ist ein bisschen eitel. Das nervt manchmal. Aber sie ist auch die **H/hilfsbereiteste**. Sie ist die **E/einzige**, die immer Zeit hat, wenn wir sie um Hilfe bitten.

Der **J/jüngste** bei uns heißt Paul. Er hat im **A/allgemeinen** die **B/besten** Ideen, wenn es darum geht, sich etwas **N/neues** auszudenken. Das **V/verwirrende** ist, dass er manchmal so viel **V/verrücktes** erzählt, dass ihn keiner verstehen kann. Zum **W/witzigsten**, was er so tut, gehören die Filmszenen, die er uns immer vorspielt. Das **L/lustigste**, was er uns bisher geboten hat, war eine Verfolgungsjagd mit sich selbst. Alle, **G/große** und **K/kleine**, haben sich vor Lachen den Bauch gehalten.

Aufgabe 12

Verwandle die Adjektive mithilfe der Begleitwörter in Nomen. Schreibe die neuen Wörter zusammen mit ihren Begleitern auf.

das, nichts, etwas, wenig, viel, alles	gut, blau, schön, wahr

das Gute, ____________________

____

____

____

____

____

Aufgabe 13

Setze richtig ein. Schreibe die Sätze noch einmal ab.

arm/Arme

Wenn er zahlen muss, trifft es keinen ____________

Besser ____________ und gesund, als reich und krank.

Er hat vielen ____________ geholfen.

schön/Schöne

Charlotte kauft einen ____________ Sommerhut. Sie ist allem ____________ zugetan. Wir haben im Urlaub viel ____________ erlebt. Sei ____________ brav!

finster/Finstere

Das ____________ der Nacht bedrückt mich. Die ____________ Nacht wirkt unheimlich. Im ____________ fürchte ich mich. Im Keller ist es kalt und ____________.

Abschlusstest online 6

Glückwunsch! Du hast das **Kapitel 6 – Groß- und Kleinschreibung** durchgearbeitet. Du hast die Grundregeln zur Groß- und Kleinschreibung wiederholt und kannst auch nominalisierte Adjektive und Verben erkennen und richtig schreiben.

So funktioniert der Abschlusstest online:
Um deinen Lernerfolg zu überprüfen, kannst du nun die Tests online machen. Gehe auf
www.klasse5bis10.klett-lerntraining.de/4Y7S
und registriere dich wie vorne im Buch beschrieben.

Welche Tests es gibt, siehst du unten in der Tabelle. Nach jedem Test bekommst du eine Auswertung.

Willst du immer im Blick haben, welche Themen du schon kannst oder was du besser nochmal wiederholen solltest? Dann notiere deine Ergebnisse aus den Abschlusstests in der Tabelle.

Mein Ergebnis im Abschlusstest – Kapitel 6

Thema	Mein Ergebnis
Nomen (Substantive)	
Nominalisierte Verben	
Nominalisierte Adjektive	
Groß oder klein?	

7 Silbentrennung

Wörter trennen

Man trennt Wörter am Zeilenende.

1. In der Wortfuge kann immer getrennt werden.
   › Spiel-zeug, ab-springen
2. Man trennt Wörter meistens, wie sie sich bei langsamem Vorlesen in Silben zerlegen lassen.
   › Vor-der-pfo-te, aus-pa-cken, Pap-pe, müs-sen

Beachte:

- Einzelne Vokale am Wortanfang und -ende dürfen nicht getrennt werden, auch nicht bei Komposita (zusammengesetzten Wörtern).
  › Abend, Idee, Bio-müll, Juli-abend
- Nicht getrennt werden dürfen ck, ch, sch, ph, rh, sh, th.
  › Zu-cker, su-chen, Geo-gra-fie
- **Aber: st darf getrennt werden.**
  › meis-tens, Kies-las-ter, der Nächs-te
- Manche Wörter haben zwei Trennmöglichkeiten.
  › dar-um, da-rum; hin-auf, hi-nauf

Aufgabe 1

Hier siehst du eine Seite aus Leonis Aufsatzheft. Sie hat einen flüssigen Schreibstil, doch die über die Zeilen geschriebenen Wörter stören das Gesamtbild. Leoni hat offenbar Schwierigkeiten mit der Silbentrennung.

Im Urlaub hatten wir drückende
Hitze. Am frühen Morgen
wehte eine frische Brise landwärts,
doch bald wurde es heiß
man schien von der knisternden
Luft eingeschlossen. Da
half nur ein erfrischendes
Bad. Das Meerwasser habe
ich sehr genossen. Die
Wellen umspülen den Körper
und man fühlt sich von den
Wellen getragen. Das ist ein

Gib alle Möglichkeiten an, folgende Wörter zu trennen.

drückende ______________________________

____

landwärts ______________________________

____

knisternden ______________________________

____

Aufgabe 2

Schreibe den folgenden Text ab und kennzeichne dabei die Stellen, an denen die Wörter getrennt werden können.

Beispiel: *Es war ein kal-ter Mor-gen …*

Tipp: Wichtig ist, dass du die einzelnen Wörter langsam vorliest. So findest du die richtige Silbentrennung am sichersten.

Gerdas Sieg

Es war ein kalter Morgen. Unsere Schulmannschaft fand sich dennoch pünktlich auf dem Sportplatz ein. Die gegnerische Mannschaft aus Adorf war schon da. Nach einem ersten Warmlaufen wurden die Startnummern vergeben. Gerda zog die Fünf. Dann zeigte sie ihr Können an den Hürden, sie lief nicht, sie flog beinah. Verdientermaßen errang sie den ersten Platz. Petra, ihre hartnäckigste Konkurrentin, blieb um zwei Zehntel abgeschlagen. Petra meinte, dass sie Pech beim Starten hatte. Diese Zehntelsekunden will sie das nächste Mal hereinholen … Es ist ein beglückendes Gefühl, dass unsere Schule fast doppelt so viele Urkunden errungen hat wie die Gegner aus Adorf.

Abschlusstest online 7

Toll! Du hast das **Kapitel 7 – Silbentrennung** durchgearbeitet. Du hast wiederholt, wie Wörter richtig getrennt werden und auch welche Buchstabenkombinationen niemals getrennt werden dürfen.

So funktioniert der Abschlusstest online:
Um deinen Lernerfolg zu überprüfen, kannst du nun die Tests online machen. Gehe auf
www.klasse5bis10.klett-lerntraining.de/4Y7S
und registriere dich wie vorne im Buch beschrieben.

Welche Tests es gibt, siehst du unten in der Tabelle. Nach jedem Test bekommst du eine Auswertung.

Willst du immer im Blick haben, welche Themen du schon kannst oder was du besser nochmal wiederholen solltest? Dann notiere deine Ergebnisse aus den Abschlusstests in der Tabelle.

Mein Ergebnis im Abschlusstest – Kapitel 7

Thema	Mein Ergebnis
Silbentrennung	

8 Getrennt- und Zusammenschreibung

Im Deutschen bilden Wörter, die inhaltlich eng aufeinander bezogen sind, Zusammensetzungen und werden zusammengeschrieben (**Bergpanorama**). Wörter, die aber inhaltlich loser miteinander verbunden sind, stehen im Satz in einer Gruppe zusammen (Wortgruppe) und werden getrennt geschrieben (**auf den Berg steigen**).

Regeln zur Zusammenschreibung

1. Zusammengeschrieben wird, wenn einer der Bestandteile des Wortes nicht selbstständig vorkommt.
   › einfach redselig mehrmals
   → *fach* → *red* → *mals*
   ergibt alleine keinen Sinn und ist kein selbstständiges Wort.
2. Gleichrangige Adjektive schreibt man zusammen. Oft gibt dabei der erste Bestandteil die genauere Bedeutung an.
   › graublau, bitterböse, blassgrün
3. Wortverbindungen, deren erster Bestandteil für eine Wortgruppe steht, werden zusammengeschrieben.
   › taghell → hell wie der Tag
   pechschwarz → schwarz wie Pech

Regeln zur Getrenntschreibung

4. Zwei gleichrangige Verben werden getrennt geschrieben, wenn die Bedeutungen beider Bestandteile sich in der Verbindung nicht verändern, sondern sich gegenseitig genauer erklären.
   › arbeiten kommen → Was kommt er? arbeiten
5. Wortgruppen mit *sein* werden getrennt geschrieben.
   › los sein, vorüber sein

6. Bezeichnet ein Adjektiv die Art und Weise des Verbs näher, wird getrennt geschrieben.
   › hastig gehen → Wie geht er? hastig;
   planvoll arbeiten → Wie arbeitet sie? planvoll

7. Geografische Eigennamen und besondere Bauwerke mit Ableitungen auf -er, werden vom Nomen getrennt geschrieben.
   › Lüneburger Heide, Naumburger Dom

Aufgabe 1

Lies den Zeitungsbericht. Ordne die farbigen Wörter nach den Regeln aus dem Merkkasten in eine Tabelle ein.

50 Jahre Bergführer

In den letzten Tagen feierte Sepp Oberkofler sein 50-jähriges Bergführerjubiläum. Er ist als einmaliges Orginal bekannt. Zeitig am Morgen kommt er zum Sammelplatz. Durch jahrelange Erfahrung weiß er, dass er zuerst das Schuhwerk und die Kleidung seiner Schützlinge prüfen muss. Er will sicher sein, dass alle eine wetterfeste Ausrüstung haben; denn in den Bergen kann es überraschend nasskalt werden. Dann wird eine Regenhaut und warme Kleidung vonnöten sein. Den wissbegierigen Teilnehmern gibt er schnurrige Ratschläge und auf dummdreiste Fragen eine schlagfertige Antwort. Es ist aufschlussreich, ihm bei der Inspektion der Teilnehmer zuzusehen. „Die werden alle erst wandern lernen müssen", sagt er zu sich. Sepp wählt stets einen Aufstieg, den alle bewältigen können. Erst nach mehrstündigem Marsch ist das angesteuerte Ziel, sein geliebtes Sonnenhorn, erreicht. Die Rast unter dem Gipfelkreuz entschädigt für alle Mühen, denn es sollen alle zufrieden sein. Gegen den sattblauen Himmel erscheint das Bergpanorama majestätisch. Nach der Wanderung gehen alle zusammen bayerisch essen. Sepp erzählt dabei humorvoll von seinen Bergerlebnissen in den Allgäuer Alpen – ob Dichtung oder Wahrheit, wer weiß das schon?

Regel 1	Regel 2	Regel 3	Regel 4	Regel 5	Regel 6	Regel 7

Aufgabe 2

Fasse die folgenden Vergleiche jeweils in einem Wort zusammen.

hoch wie ein Turm	*turmhoch*
blau wie der Himmel	______
alt wie ein Stein	______
hart wie Stahl	______
scharf wie ein Messer	______
weiß wie Schnee	______
leicht wie eine Feder	______
klar wie Glas	______
kalt wie Eis	______
grün wie Gras	______
weich wie Butter	______
rund wie eine Kugel	______
rot wie Blut	______

Aufgabe 3

Bilde aus den Bausteinen zusammengeschriebene Adjektive und schreibe die neuen Wörter auf.

dunkel →	blau
lau	gliedrig
süß	kalt
tief	trüb
bitter	warm
alt	→ rot
neblig	ehrwürdig
zart	sauber

Abschlusstest online 8

Super! **Du hast das Kapitel 8 – Getrennt- und Zusammenschreibung** durchgearbeitet. Du weißt, welche Regeln bei der Zusammenschreibung von Wörtern gelten und welche Wörter getrennt geschrieben werden müssen.

So funktioniert der Abschlusstest online:
Um deinen Lernerfolg zu überprüfen, kannst du nun die Tests online machen. Gehe auf
www.klasse5bis10.klett-lerntraining.de/4Y7S
und registriere dich wie vorne im Buch beschrieben.

Welche Tests es gibt, siehst du unten in der Tabelle. Nach jedem Test bekommst du eine Auswertung.

Willst du immer im Blick haben, welche Themen du schon kannst oder was du besser nochmal wiederholen solltest? Dann notiere deine Ergebnisse aus den Abschlusstests in der Tabelle.

Mein Ergebnis im Abschlusstest – Kapitel 8

Thema	Mein Ergebnis
Getrennt- und Zusammenschreibung	

9 Zeichensetzung

9.1 Satzschlusszeichen

Einen vollständigen Satz muss man als Einheit erkennen können. Der Leser hätte sonst große Schwierigkeiten beim Lesen des Textes.
Man beginnt einen Satz mit einem großen Buchstaben und schließt ihn mit einem Satzschlusszeichen (Punkt, Ausrufezeichen, Fragezeichen) ab.

Satzschlusszeichen

1. Mit dem Punkt kennzeichnet man den Schluss eines Aussagesatzes.
   › Gestern hat uns Tante Luise besucht.
2. Das Ausrufezeichen kennzeichnet eine Aufforderung.
   › Vergiss nicht, den Computer auszumachen!
3. Mit dem Fragezeichen wird ein Fragesatz als Frage gekennzeichnet.
   › Darf ich dich einmal besuchen?

Aufgabe 1

Schreibe folgenden Text ab und setze die fehlenden Zeichen am Ende eines Satzes.

HEUTE GING DIE BESTELLTE SENDUNG AB DIE ZUSTELLUNG ERFOLGT PER BAHNFRACHT BITTE VORSICHT BEIM AUSPACKEN BEACHTEN SIE DABEI DIE BEIGEFÜGTE ANLEITUNG TRANSPORTSCHÄDEN SIND INNERHALB VON DREI TAGEN NACH ERHALT ZU MELDEN WANN DÜRFEN WIR MIT IHRER NÄCHSTEN BESTELLUNG RECHNEN

9.2 Zeichensetzung bei Nebensätzen

Komma bei Nebensätzen

1. Nebensätze werden durch ein Komma vom Hauptsatz getrennt.
   › Ich benötige einen Schirm, weil es heute regnet.

2. Wenn ein Nebensatz in der Mitte eines Satzes steht, steht vor und hinter dem Nebensatz ein Komma.
   Nebensätze werden eingeleitet durch:
   - **Relativpronomen** (z.B. der die, das, welcher, welche, welches …).
     › Das Haus, das einen grünen Anstrich hat, gehört meiner Tante.
   - **Konjunktionen** (z.B. weil, da, sodass, obwohl, ob, wie …).
     › Ich werde heute, weil es regnet, den Schirm mitnehmen.

Aufgabe 2

Bilde aus den folgenden Satzpaaren jeweils einen Satz mit eingeschobenem Relativsatz.

1. Das Hochhaus steht am Stadtrand. Es ist 36 m hoch.

   ____

   ____

2. Das Buch ist interessant. Klara liest es gerade.

   ____

   ____

3. Der Ballon gewinnt an Höhe. Er trägt bunte Reklame.

   ____

   ____

4. Das Auto wird repariert. Es ist gestern stehen geblieben.

   ____

   ____

Aufgabe 3

Verbinde Satz 1 und 2 jeweils durch eine sinnvolle Konjunktion! Dabei kommt es beim Nebensatz zu Umstellungen. Schreibe die Sätze auf.

Satz 1	Konjunktion	Satz 2
~~Die Katze klettert auf den Baum.~~ Er läuft durch den finsteren Wald. Peter weint. Tina geht in die Schule. Christine geht zum Arzt. Klaus hofft.	da / dass / nachdem / ob / obwohl / sodass / während / weil / wenn / wie	~~Sie wird verfolgt.~~ Er fürchtet sich. Er hat sich das Knie verletzt. Sie hat Kopfweh. Sie fühlt sich krank. Er verpasst den Zug nicht.

Die Katze klettert auf den Baum, da sie verfolgt wird.

9.3 Zeichensetzung bei Reihungen

Komma bei Reihungen

Eine Reihung entsteht, wenn Satzteile, Satzglieder oder Sätze aneinandergereiht werden. Die Reihung kann durch eine Konjunktion (und, oder, sowie, beziehungsweise [bzw.] …) oder durch ein Komma gekennzeichnet werden.

› Katja, Mia, Tom und Juri gehen zur Schule.
Die Sonne scheint und im Garten werden die ersten Erdbeeren reif.
Die Sonne scheint, im Garten werden die ersten Erdbeeren reif.

Aufgabe 4

Lena hat einen Text zum ersten Schultag nach den Ferien aufgeschrieben. Sie hat viele Reihungen mit der Konjunktion und verwendet. Verbessere den Text von Lena. Vermeide die Wiederholungen, indem du die Konjunktion und, wo es sinnvoll ist, durch ein Komma ersetzt. Schreibe den verbesserten Text auf.

Mutter und Vater und Oma und meine Schwester haben mir eine neue Schultasche geschenkt. Ich packe das Lesebuch und das Rechenbuch und das Sprachbuch und das Mäppchen und alle meine Hefte in den Ranzen. Am ersten Tag nach den Ferien haben wir Mathematik und Englisch und Sport und Erdkunde. Ich komme vor der Schule an und die Schulglocke läutet und der Hausmeister schaut mich vorwurfsvoll an. Im letzten Augenblick husche ich in die Klasse und schon kommt unsere neue Lehrerin und begrüßt uns schneidig.

9.4 Wörtliche Rede

Satzzeichen bei der wörtlichen Rede

Anschaulich wird ein Text durch wörtliche Rede. Was du wörtlich wiedergibst, wird in Anführungszeichen gesetzt („…“).
Oft steht bei der wörtlichen Rede ein Begleitsatz. Hier sind drei Fälle zu unterscheiden:

1. Der Begleitsatz ist vorangestellt. Nach dem Begleitsatz steht ein Doppelpunkt.
   › Die Mutter rief: „Komm schnell zu mir!“
2. Der Begleitsatz ist nachgestellt. Dabei wird der Begleitsatz durch ein Komma abgetrennt.
   › „Ich komme nicht vom Baum herunter!“, rief Tanja.
3. Der Begleitsatz ist eingeschoben. Dabei wird der Begleitsatz vorn und hinten durch ein Komma abgetrennt.
   › „Ich komme“, rief Tanja, „nicht vom Baum herunter!“

Aufgabe 5

Schreibe den Text ab und ergänze dabei die fehlenden Zeichen der wörtlichen Rede.

Der aufgeblasene Frosch

Ein Frosch hockte bei seinen Kindern im Sumpf, als er einen Ochsen erblickte, der am Ufer sein Futter suchte. Da wollte er auch so groß sein und blies sich auf, so stark er nur konnte. Bin ich nun so groß wie der Ochse fragte er. Nein antworteten die Kinder. Da blies sich der Frosch noch stärker auf und fragte abermals Bin ich jetzt so groß – Noch immer nicht antworteten die Kinder. Da blies der Frosch sich mit solcher Gewalt auf, dass er zerbarst.

(Äsop)

Abschlusstest online 9

Glückwunsch! Du hast das **Kapitel 9 – Zeichensetzung** durchgearbeitet. Du weißt nun alles über Satzschlusszeichen, die Zeichensetzung bei Nebensätzen und Reihungen sowie der wörtlichen Rede.

So funktioniert der Abschlusstest online:
Um deinen Lernerfolg zu überprüfen, kannst du nun die Tests online machen. Gehe auf
www.klasse5bis10.klett-lerntraining.de/4Y7S
und registriere dich wie vorne im Buch beschrieben.

Welche Tests es gibt, siehst du unten in der Tabelle. Nach jedem Test bekommst du eine Auswertung.

Willst du immer im Blick haben, welche Themen du schon kannst oder was du besser nochmal wiederholen solltest? Dann notiere deine Ergebnisse aus den Abschlusstests in der Tabelle.

Mein Ergebnis im Abschlusstest – Kapitel 9

Thema	Mein Ergebnis
Satzschlusszeichen	
Zeichensetzung bei Nebensätzen	
Zeichensetzung bei Reihungen	
Zeichensetzung bei der wörtlichen Rede	

Lösungen

1

1 Lang gesprochene Vokale

Aufgabe 1

Gramm	–	Gram	Stiel	–	still	eben	–	Ebbe
Hüte	–	Hütte	füllen	–	fühlen	irre	–	ihre
Hof	–	hoffen	stehlen	–	stellen	quieken	–	erquicken
kann	–	Kahn	satt	–	Saat	Barren	–	Bahre
Ruhm	–	Rum	Staat	–	statt	Hölle	–	Höhle
innen	–	ihnen	alle	–	Aale	beten	–	Betten
wir	–	wirr	lahm	–	Lamm	Ratte	–	raten

Du erkennst, dass die Rechtschreibung der Wörter mit lang gesprochenem Vokal schwierig ist, weil es verschiedene Schreibweisen für den gedehnten Laut gibt.

Aufgabe 2

a, e, i, o, u, ä, ö, ü	aa, ee, oo	ah, eh, ih, oh, uh, äh, öh, üh	ie
Märchen	Meer	Zahl	sieden
Rad	bemoost	ihnen	Biene
rötlich	Waage	führen	
südlich		Fähre	
Eigentum		Ruhm	
Dame		Lohn	
Wut		Verkehr	
Stil		Söhne	
dir		verwöhnen	
Ofen			
sagen			

An deiner Tabelle erkennst du, dass man die richtige Schreibweise lang gesprochener Vokale nicht allein durch das Hören finden kann.

Aufgabe 3

böse	**lie**b	streiten	vers**öh**nen
Sonne	R**e**gen	breit	schm**a**l
sauer	s**ü**ß	da sein	f**eh**len
weniger	m**eh**r	Zwerg	R**ie**se
schnell	langs**a**m	voll	l**ee**r
hoch	t**ie**f	geben	n**eh**men
hässlich	sch**ö**n	senkrecht	w**aa**gerecht

Aufgabe 4

ohne besondere Kennzeichnung (a, e, o, u):	eingeschobenes h (ah, eh, oh, uh, äh, öh, üh):	Verdoppelung von aa, ee, oo:
schöne – Tage – erleben – du – Gelegenheit – oder – aber – vorsichtig – Übermut – tut – gut – Skorpion – das/Leben – verscheuche – trübe – nach – den/Enttäuschungen – schönen – nächsten – du – das – große – Los – wäre – aber – unüberlegtem – Tun – behalte – so – möglich – Überlegene	fährst Kahnfahrt Bootsfahrt verwöhne gefährlich verführen kühlen versöhne	Waage paar See Bootsfahrt Seele

Aufgabe 5

Elternpaar, Ehepaar, Paarhufer, Paarlauf
Haupthaar, Barthaar, Haartracht, Haarfarbe
Wintersaat, Zwischensaat, Saatgetreide, Saatbeet
Königssaal, Tanzsaal, Saalordner, Saaltür
Flussaal, Seeaal, Aalsuppe, Aalfang
Ameisenstaat, Inselstaat, Staatsbahn, Staatsbesuch

Aufgabe 6

	S	Ä	L	E			
P	Ä	R	C	H	E	N	
	M						
W	A		P	S	Ä	E	N
A	N		A				S
A	N		A	A	S		A
G			R				A
E			S	T	A	A	T

Die Wörter aus dem Wörterversteck zeigen dir, dass sich aus *aa* kein doppeltes *ä* ableiten lässt. Das erkennst du bei der Pluralform Säle ebenso wie an der Verkleinerungsform Pärchen. Auch andere Ableitungen von einem Wort mit *aa* werden nur mit *ä* geschrieben. Im Wörterversteck trifft dies auf Saat – säen zu; genauso lässt sich ableiten:
Saat – Sämann oder Waage – abwägen.

Aufgabe 7

Meersalz	Märchenfee	Kaffeesieb
Lorbeerblatt	Bodensee	Speerspitze
Teerfass	Erdbeere	Geleeglas

Aufgabe 8

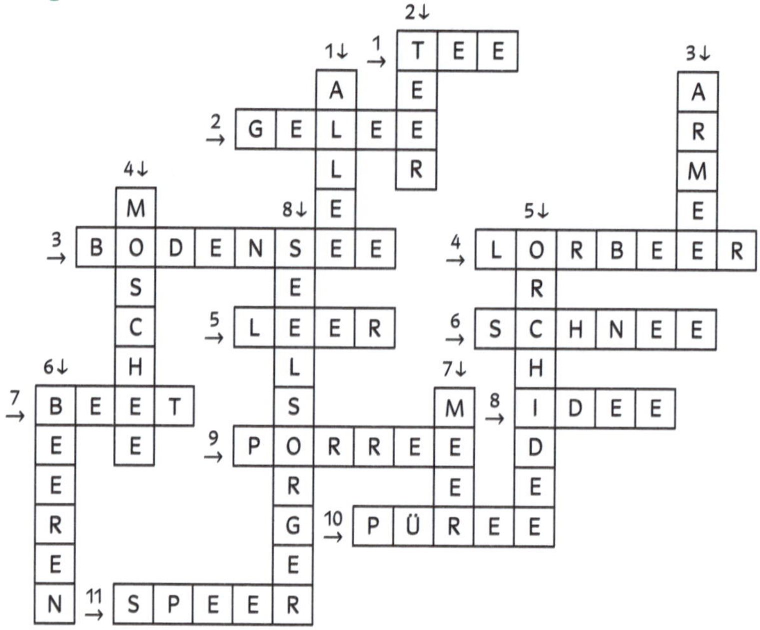

Aufgabe 9

Fohlen, <u>blühen</u>, zähmen, <u>nahen</u>, bekehren, Hühner, <u>drohen</u>, <u>fähig</u>, kühl, hohl, <u>Krähe</u>, <u>wiehern</u>, besohlen, <u>ziehen</u>, rühmen, verrühren, <u>leihen</u>, <u>bemühen</u>, Köhler, ausführlich, <u>verzeihen</u>, Ehre, belehren, <u>früher</u>, <u>Ruhe</u>, <u>drehen</u>, <u>Schuhe</u>

Das h kann immer dort mitgesprochen werden, wo es die Silbenfuge bzw. die Silbentrennung deutlich macht. Als Beispiele: Kü-he, Hö-he, na-he, frü-her. In allen diesen Wörtern wird der Vokal vor dem h lang, der Vokal nach dem h kurz gesprochen.

Aufgabe 10

fah-ren, Tru-he, lei-hen, zah-len, Nä-he, ge-hen, Hüh-ner, rüh-ren, Mü-he, Höh-le

Aufgabe 11

fahren: du fährst – wir sind **gefahren**
zählen: er **zählt** – sie haben **gezählt**
wiehern: es **wiehert** – es hat **gewiehert**
gehen: wir **gehen** – ihr **geht**
leihen: du **leihst** – sie haben **geliehen**

Aufgabe 12

früh: der **Früh**ling – ein **Früh**aufsteher
kühl: **kühl**er – am **kühl**sten
nah: **näh**er – eine **Nah**aufnahme

Aufgabe 13

Bahn	**kahl**	**lahm**
Hahn	Pfahl	Rahm
Kahn	Wahl	zahm
Zahn	Zahl	

fahren	**mahlen**	**lähmen**
verwahren	prahlen	zähmen
aufbewahren	strahlen	
	zahlen	

wählen	**ernähren**	**erwähnen**
vermählen	gewähren	gähnen
stählen	verjähren	Strähnen

Aufgabe 14

Mohn, Lohn, Sohn, Hohn, Huhn, Hahn, Wahn, Wahl, wohl, hohl, Kohl, kahl, Zahl, fahl, Stahl, Pfahl, Mahl, Mehl, mehr

Aufgabe 15

einbezahlen, anbezahlen, aufzählen, ausbezahlen, auszählen, abzahlen, abzählen, bezahlbar, erzählen, unzahlbar, unzählig, zahllos, Zählung, Zahlung, Zähler, unzählig, Barzahlung, Erzähler …

Aufgabe 16

Fühler, berühmt, Aufruhr, zerwühlen, Stuhllehne, Huhn, Bühne, Kühle, sühnen, Ruhm

Aufgabe 17

1						U	H	R					
2					M	Ü	H	L	E				
3				B	E	R	Ü	H	M	T			
4			A	U	S	F	Ü	H	R	E	N		
5		W	A	N	D	E	R	S	C	H	U	H	
6	F	R	Ü	H	L	I	N	G	S	F	E	S	T

Aufgabe 18

verführbar, Unterführung, durchführbar, Überführung, Ausführung, Aufführung, Verführung, Vorführung, Einführung, einführbar, ausführlich, Anführer, vorführbar, führerlos

Aufgabe 19

Vase	**plagen**	**Schnaken**	**haben**
Nase	jagen	Laken	Raben
Base	wagen	quaken	laben

Aufgabe 20

1. Nebel, 2. Besen, 3. Kegel, 4. Segel, 5. Leder

Aufgabe 21

Leben, Leder, eben, der, Regen, Rede, Nebel, Ebene, rege, edel, Eger, erregen, Gene

Aufgabe 22

besudeln, Besucherin, Betrügerei, Betrug, Bubenstreich, Bubenhut, Budenzauber, Buchenscheite, Buchenlaub, Blut, Blumenschale, Blütenpracht, Blütenstaub

Aufgabe 23

Er kaufte im Fischgeschäft einen geräucherten **Aal**.
Der Schuhmacher bohrt mit seiner **Ahle** Löcher ins Leder, um nähen zu können.
Zum 80. Geburtstag meiner Großmutter waren viele Leute zum Fest**mahl** eingeladen.
Auf unserem Marktplatz steht ein Krieger**denkmal**.
Er hat mich gestern drei**mal** angerufen.
Alexandra hat ein Mutter**mal** am Hals.
Fünf **mal** sieben ist fünfunddreißig.
Der Weingärtner fährt seinen **Wagen** voller Trauben auf die **Waage** an der Kelter.
Bei der Auf**nahme** des Unfalls schrieben die Polizisten zunächst die **Namen** der Unfallbeteiligten auf.
Ob die Schilderung des Unfallhergangs **wahr** ist, wird noch geprüft.
Großmutter **mahlt** ihren Kaffee in einer Handmühle.
Gestern durften wir in der Schule ein Urlaubsbild **malen**.
Stefan hat diese Woche zum zweiten **Mal** in der Schule gefehlt.
Die Fischer haben einen **Wal** gefangen.
Unser Bürgermeister hat die **Wahl** verloren.

Aufgabe 24

Die Briefe werden vom Post**boten** gebracht. Zum Bergrennen hat sich ein **Meer** von Zuschauern eingefunden. Die Welt**meere** bedecken zwei Drittel der Erdoberfläche. Im Hafen ankern viele Segel**boote**. Die Maurer legen eine dicke **Bohle** über den Graben. In seiner Schuh**sohle** ist ein Loch. Die Mülltonne wird von der Müllabfuhr **geleert**. Der Lehrer **lehrt** die Kinder neue Sprachen. Süßigkeiten schmecken mir so gut, dass ich immer **mehr** davon haben will. Er **wehrt** sich gegen den Vorwurf, ein Lügner zu sein. Sein guter Ruf ist es **wert**, dafür zu kämpfen.

Aufgabe 25

BE**D**UINE
M**A**NDOLINE
MARGARINE
PRALINE
AP**F**ELSINE
VASE**L**INE
VI**O**LINE
KANTINE
R**O**SINE
MARINE
R**O**UTINE
VI**T**AMINE
RU**I**NE
PERSPEKTI**V**E
T**E**RRINE

Lösungswort: Dampflokomotive

Aufgabe 26

Benzinkanister, Nikotinvergiftung, Kapitänsmütze, Kaminfeger, Medizinstudent, Litermaß, Fibelseite, Tigerfell, Fotostativ, Mikrofonkabel, Bibelübersetzung, Martinstag

1

Aufgabe 27

zieren, ziehen, zielen, schielen, schieben, lieben, liegen, biegen, wiegen, siegen, sieben, stieren

Aufgabe 28

Stier	Giebel	liegen
Riese	Bier	lieben
Bier	Riegel	quieken
Tier	Siegel	schieben
vier	Kiefer	schmieren
Sieg	Siege	Spieß

Aufgabe 29

Der Musiklehrer übte für ein Schulfest die **Melodie** eines Musikstückes so lange, bis alle Stimmen in **Harmonie** zusammenklangen. Die Lust am Musizieren hatte die Schüler wie eine **Epidemie** erfasst. Obwohl sie alle sehr viel **Energie** aufbrachten, hatten sie nicht die **Garantie**, dass es bei der Aufführung auch so harmonisch klingen würde. Schon die Raumakustik machte das Unternehmen zu einem **Lotteriespiel**, denn beim Schulfest sollten sie auf der **Galerie** der Festhalle untergebracht werden. Nur dort war die **Deponie** der Musikinstrumente möglich.

Aufgabe 30

<table>
<tr><td></td><td></td><td></td><td></td><td></td><td>I</td><td>H</td><td>N</td><td>E</td><td>N</td></tr>
<tr><td></td><td></td><td>I</td><td></td><td></td><td>H</td><td></td><td></td><td></td><td></td></tr>
<tr><td></td><td>I</td><td>H</td><td>R</td><td>E</td><td>R</td><td></td><td></td><td></td><td></td></tr>
<tr><td>I</td><td>H</td><td>R</td><td></td><td></td><td></td><td></td><td></td><td></td><td></td></tr>
<tr><td></td><td></td><td>E</td><td></td><td></td><td></td><td></td><td></td><td></td><td></td></tr>
<tr><td>I</td><td>H</td><td>M</td><td></td><td></td><td></td><td></td><td></td><td></td><td></td></tr>
</table>

Aufgabe 31

Vom Küchenjungen in Dornröschens Schloss
Sein Chef, der Koch, l**ie**ß **ih**n immer nur Zw**ie**beln schneiden.
Und n**ie** schnitt der Küchenjunge dem Koch d**ie** Zw**ie**beln
fein genug. Der Junge hatte schon eine Tr**ie**fnase und rot verheulte
Augen von der v**ie**len Zw**ie**belschneiderei, aber der Koch kannte
kein Erbarmen. „Bevor du d**ie** Zwiebel nicht so fein schneidest, dass man s**ie**
mit der Zunge zerdrücken kann, bekommst du keine Kartoffel in d**ie**
Finger“, pflegte er zu sagen und manche Leute meinen, dass daher der
Ausdruck „zw**ie**beln“ kommt, der so v**ie**l w**ie** quälen heißt.

Und so tat der Küchenjunge etwas, was zu Dornröschens Zeiten höchst ungewöhnlich war – er protest**ie**rte.
Der Koch hob d**ie** Hand zu einer saftigen Ohrfeige. Aber genau in d**ie**ser Sekunde stach sich Dornröschen mit der Spindel in den Finger und alle sanken augenblicklich in t**ie**fen Schlaf.

(Irmela Brender)

Aufgabe 32

Die Wanderer singen ein frohes **Lied**.
Der Augenarzt untersucht das verletzte **Lid**.
Max **stiehlt** einen Apfel vom Baum.
Der Schaufel**stiel** ist abgebrochen.
Er schreibt seinen Aufsatz in einem flüssigen **Stil**.
Frieder machte eine traurige **Miene**, als ihm die **Mine** seines Bleistifts während der Klassenarbeit abbrach.

Aufgabe 33

Auch in diesem Jahr ist Thomas mit seinen Eltern **wieder** in die Berge gefahren. Wenn er jodelt, wartet er auf den **Widerhall**. Immer **wieder** probiert er es. Das geht so lange, bis Mutter **Widerspruch** einlegt. Thomas möchte sich nicht **widersetzen**; **widerwillig** lässt er die Jodelei. Aber morgen wird er sie **wiederholen**.

2

2 Kurz gesprochene Vokale

Aufgabe 1

Konsonantenhäufung	Konsonantenverdoppelung	ck und tz
Se**kt**	vere**bb**en	a**ck**ern
ku**pf**ern	schle**pp**en	fli**tz**en
Fla**nk**e	re**nn**en	Pflo**ck**
schla**nk**	kri**bb**eln	Mü**tz**e
Lu**mp**	dü**rr**	Ka**tz**e
stä**rk**en	Pu**dd**ing	Du**tz**end
we**lk**en	Schwa**mm**	Brü**ck**e
Vo**lk**	vermu**mm**en	Perü**ck**e
Su**mpf**	re**tt**en	
I**mk**er	Se**ss**el	
Pa**kt**	schla**ff**	
Ma**rk**	fa**ll**en	
Da**nk**	E**ll**e	
	Pa**dd**el	
	fla**gg**en	

Aufgabe 2

HOLZ**B**ALKEN
E**L**EFANT
B**I**LD
STER**N**E
MILCH**K**ANNE
WE**L**TKUGEL
F**I**SCH
BRÜ**C**HE
TRINK**H**ALM
ZEL**T**
S**A**NDUHR
E**N**GEL
ZWÖ**L**F
APFEL
BER**G**GIPFEL
REG**E**NWOLKE

Lösungswort: Blinklichtanlage

Aufgabe 3

Reiseprospe**kt**, Bergwe**lt**, si**nd**, fi**nd**en, e**tw**as, Mita**rb**eiter, ausgefa**ll**ene, gefu**nd**en, do**ch**, A**ngst**, Ko**nd**ition, Be**rg**steigen, we**rd**en, du**rch**, vielfä**lt**ige, A**lp**en

Aufgabe 4

Schmalz	**Falken**	**melken**	**Wild**	**Gehalt**
Salz	Balken	welken	Bild	Gestalt
Malz	kalken	Nelken	Schild	kalt

Sumpf	**Zwirn**	**Wort**	**Schmerz**	**Mark**
Strumpf	Stirn	Hort	Scherz	stark
stumpf	Hirn	Sport	Herz	Quark

Aufgabe 5

Sand/Samt, Schwarte, kalt, Ente, Spalte, Bürde, Kante, Binder/Bilder, Herde, finden, falten, Geduld, Horde, Falte, Tante, Bänder, halten, Ränder, Kälte, versäumt

Aufgabe 6

Paddelboot, schwabbelt, Pudding, krabbelt, Roggen, geritten, Rappe, geschnitten, gellen, bellen, schwimmen, glimmen, büffeln, schnüffeln, essen, fressen, klettern, schmettern, rennen, brennen, schnurren, knurren, rollen, grollen

Aufgabe 7

schroff
Sauerstoff
offen
hoffen
betroffen
getroffen
besoffen
Koffer
Hoffnung
Stoffel
Kartoffel
Pantoffel

Aufgabe 8

Hülle, Falle, Felle, grillen, fallen, stellen, Drill, Moll, Welle, Wolle, Rolle, Pelle, Pille, Polle, Stille, Fell

2

Aufgabe 9

1					E	G	G	E		
2				H	O	B	B	Y		
3				P	U	D	D	I	N	G
4				R	O	B	B	E		
5			K	R	A	B	B	E		
6				P	A	D	D	E	L	
7			K	L	A	D	D	E		
8					E	B	B	E		
9			F	L	A	G	G	E		
10				S	A	B	B	A	T	
11				W	I	D	D	E	R	
12				R	O	G	G	E	N	
13				D	O	G	G	E		
14				B	A	G	G	E	R	
15			K	R	A	B	B	E	L	N
16	S	C	H	R	U	B	B	E	N	
17	S	C	H	M	U	G	G	E	L	N

Aufgabe 10

Auf die Nase **fallen**,
mit der Peitsche **knallen**.
Auf den Kopf sich **stellen**,
an der Haustür **schellen**.

Wie ein Löwe **brüllen**,
einen Eimer **füllen**.
Eine Kugel **rollen**,
wie der Donner **grollen**.

Aufgabe 11

schwimmen
klimmen
glimmen
stimmen

Lamm
Kamm
Stamm
Schwamm

Kummer
Summer
Schlummer

Kammer
Hammer
Jammer

dumm
stumm
krumm

Stummel
Hummel
Bummel

Lümmel
Kümmel

Aufgabe 12

Lappen, Wappen, Lippe, Wippe, Kappe, Krippe, kippen, Rippe, Kippe, nippen, Rappen, kappen

Aufgabe 13

I	M	M	E	R									
K	A	M	M	E	R								
F	L	A	M	M	E	N							
S	C	H	I	M	M	E	L						
S	C	H	W	I	M	M	E	R					
V	E	R	S	T	U	M	M	E	N				
Ü	B	E	R	S	T	I	M	M	E	N			
K	A	T	Z	E	N	J	A	M	M	E	R		
Ü	B	E	R	S	C	H	W	E	M	M	E	N	
K	L	A	V	I	E	R	S	T	I	M	M	E	R
A	B	E	N	D	S	C	H	I	M	M	E	R	
K	A	B	E	L	T	R	O	M	M	E	L		
H	A	A	R	K	L	E	M	M	E	N			
H	O	L	Z	H	A	M	M	E	R				
T	Ü	R	S	U	M	M	E	R					
G	E	W	I	M	M	E	R						
S	T	I	M	M	E	N							
H	E	M	M	E	N								
A	M	M	E	N									

Aufgabe 14

Schubkarren
Pferdegeschirr
Hausherr
Goldbarren
Muskelzerrung
Stadtpfarrer
Dörrobst
Starrsinn
Sperrholz

Aufgabe 15

Wirrkopf, Irrtum, Pfarramt, Zerrbild, Herrschaft, Sperrstunde; Schnurrbart, Schirrmeister, Narrenkappe, Kindergeplärr, Geschirrschrank, Hundegeknurr

Aufgabe 16

Futter	**Schritte**	**Latte**
Butter	Tritte	Matte
Mutter	Bitte	Ratte
Kutter	Mitte	Watte
Bett	**schlittern**	**Flotte**
nett	knittern	Karotte
fett	wittern	Grotte
Brett	zittern	Klamotte

Aufgabe 17

Pappplakat, Sauerstoffflasche, Balletttruppe, Fetttropfen, Blatttriebe, Stoffflicken, Brikettträger, Nepppreis, Schutttransporter, Kompottteller

Aufgabe 18

Bei letztem Halt Sauerstoffflaschen geladen. Auf See zeigten Kontrolllampen bald Überhitzung im Lagerraum Nummer vier. Nach Explosion Schiff eine halbe Meile vor Insel auf Grund!
Wertvolle Ladung an Bord! Sucht hinter Werkstatttür Metallleuchter und Weinbrandfässer. In meiner Koje in Stofffetzen Branntwein mit alter Nummerierung!
K. S. Olsen

Aufgabe 19

ck	(kk)	tz	(zz)
Luftdruck	Marokko	Gegensätze	Nizza
drückend		Hitze	Intermezzo
lockert		letzten	
		sitzenden	
		Blitz	
		nutzen	

Aufgabe 20

Platzregen	Scharfschütze	Glatzkopf
Schatzgräber	Feuerspritze	Blitzlicht
Sitzfleisch	Mauerritze	Spitzmaus

Aufgabe 21

Blick, Stock, verstockt, Wecker, stecken, sacken, Bäcker, Zucker, lecken, verstecken, locken, backen, Lücke, Ecke

Aufgabe 22

Backstube, Speckseite, Scheckheft, Lockvogel, Lackschuhe, Stückzahl, Blockschokolade, Trickkiste, Schrecksekunde, Rückfahrt, Spickzettel, Weckmehl, Strickleiter

Aufgabe 23

Spitze	schlitzen
Glatze	schätzen
Hitze	stützen
Ritze	wetzen
Schwätzer	bespitzeln
Schnitzer	schnitzeln
Spitzer	kitzeln
Spritzer	witzeln

Aufgabe 24

Auf dem Rummelpla**tz**

Das Sommerfest wird überall auf Plakaten angekündigt.

Vom Festpla**tz** schallt laut die Musik. An den Ständen werden zu**ck**ersüße Schle**ck**ereien, gebrannte Mandeln und Pi**zz**a angeboten.

Andere preisen ihren gli**tz**ernden Schni**ck**schna**ck**.

Ein Losverkäufer verspricht, dass jedes vierte Los gewinnt. Der erste Preis ist ein schi**ck**es Fahrrad. Bei der Schießbude kann man Papierblumen, Lebkuchenherzen und viele wi**tz**ige Stofffiguren gewinnen. Doch als Held des Pla**tz**es gilt Kasimir, der stärkste Mann. Für fünfzig Cent Eintritt kann man ihn za**ck**ig zweieinhalb Zentner stemmen sehen.

3 s oder ß oder ss

Aufgabe 1

s	ß	ss
Jens	groß	Kesselschmied
Gesicht	verbüßte	hochgeschossen
Bartwuchs	äußerst	blass
Wuchs		schusslige
Nasenflügel		Schusswaffe
der Gesuchte		Messer
Saarbrücken		
ist		
Ausbruch		
gesichtet		
rücksichtslos		
sachdienliche Hinweise		

Aufgabe 2

riesig	Sense	Faser	Speise	Rose	lesen
Reisig	Brause	Gläser	Hirse	Gämse	lösen
Amsel	Nase	Rasen	Pinsel	rieseln	Ameise
Insel	Hase	Riesen	Kreisel	nieseln	Gemüse
blasen	böse	eisig	Drüse	Käse	Häuser
sausen	Fräse	diesig	Dose	leise	Gräser

Es handelt sich bei allen Wörtern um den stimmhaften s-Laut; man schreibt immer mit einfachem s.

Aufgabe 3

reisen	du reist	er reiste
kreisen	du kreist	er kreiste
lösen	du löst	er löste
speisen	du speist	er speiste
bremsen	du bremst	er bremste
rasen	du rast	er raste
brausen	du braust	er brauste
lesen	du liest	er las
blasen	du bläst	er blies

Aufgabe 4

Gans	–	Gänse	Kreis	–	Kreise
Gas	–	Gase	Laus	–	Läuse
Gleis	–	Gleise	Los	–	Lose
Gras	–	Gräser	Maus	–	Mäuse
Greis	–	Greise	Moos	–	Moose
Hals	–	Hälse	Preis	–	Preise
Haus	–	Häuser	Vers	–	Verse

Aufgabe 5

A	S	S	E										
T	A	S	S	E									
K	L	A	S	S	E								
S	P	R	O	S	S	E							
S	C	H	L	Ü	S	S	E						
T	E	I	G	M	A	S	S	E					
S	A	F	T	P	R	E	S	S	E				
F	I	S	C	H	F	L	O	S	S	E			
D	R	O	S	S	E	L	G	A	S	S	E		
M	E	I	S	T	E	R	K	L	A	S	S	E	
Z	U	S	A	M	M	E	N	F	A	S	S	E	N
H	E	R	A	U	S	P	R	E	S	S	E	N	
V	E	R	S	C	H	L	O	S	S	E	N		
H	E	R	A	B	L	A	S	S	E	N			
V	E	R	B	L	A	S	S	E	N				
V	E	R	M	I	S	S	E	N					
A	B	M	E	S	S	E	N						
F	R	E	S	S	E	N							
F	A	S	S	E	N								
E	S	S	E	N									

Aufgabe 6

Gasse	**Kessel**	**Bissen**	**Genosse**
Kasse	Sessel	Kissen	Sprosse
Rasse		Wissen	Gosse

Messer	**lassen**	**Rüssel**	**Nässe**
besser	fassen	Schüssel	Blässe
	passen	Schlüssel	
	Tassen		

Aufgabe 7

Essigflasche	Messingblech
Kaffeetasse	Brennnessel
Schlüsselloch	Messestadt
Wasserkessel	Gewissensbisse
Singdrossel	Schwimmflosse
Federkissen	Klassenzimmer
Fernsehsessel	Brotmesser

Aufgabe 8

T	a	s	s	e	n
f	a	s	s	e	n
l	a	s	s	e	n
p	a	s	s	e	n
h	a	s	s	e	n
h	i	s	s	e	n
B	i	s	s	e	n
K	i	s	s	e	n
w	i	s	s	e	n
m	i	s	s	e	n
m	ü	s	s	e	n
m	e	s	s	e	n

R	o	s	s
R	i	s	s
B	i	s	s
B	a	s	s
H	a	s	s
n	a	s	s
F	a	s	s
P	a	s	s
K	u	s	s
N	u	s	s
m	u	s	s

Aufgabe 9

der Biss – die Bisse
das Fass – die Fässer
die Nuss – die Nüsse
der Genuss – die Genüsse
das Geschoss – die Geschosse
das Schloss – die Schlösser
der Schluss – die Schlüsse
der Guss – die Güsse

der Riss – die Risse
das Ross – die Rösser
der Bass – die Bässe
der Schuss – die Schüsse
der Amboss – die Ambosse
der Koloss – die Kolosse
der Imbiss – die Imbisse
der Kompass – die Kompasse

Aufgabe 10

der Fuß – die Füße
der Gruß – die Grüße
der Spaß – die Späße
der Kloß – die Klöße
das Maß – die Maße

der Stoß – die Stöße
der Spieß – die Spieße
der Strauß – die Sträuße
das Gefäß – die Gefäße
das Floß – die Flöße

Aufgabe 11

müssen	du musst	er muss
lassen	du lässt	er lässt
essen	du isst	er isst
hassen	du hasst	er hasst
passen	du passt	er passt
vergessen	du vergisst	er vergisst
messen	du misst	er misst
küssen	du küsst	er küsst
pressen	du presst	er presst
vermissen	du vermisst	er vermisst
fassen	du fasst	er fasst
wissen	du weißt	er weiß
fressen	du frisst	er frisst
hissen	du hisst	er hisst

Aufgabe 12

1. Er sagte mir **dies** im Vertrauen.
2. **Dieses** Kind, **welches** sich gestern den Fuß verstaucht hat, musste zum Arzt gebracht werden.
3. Das Fass, **welches** vom Wagen fiel, blieb unbeschädigt.
4. **Dieses** ist das Haus, **welches** abgerissen werden soll.
5. Sie gab mir **dies** zur Aufbewahrung.
6. War **dies** ein Erlebnis!
7. Du musst **dieses** Fenster hier schließen.

Aufgabe 13

1. Es ist klasse, **dass** du mir beim Aufräumen hilfst.
2. **Das** Kaminfeuer ist richtig gemütlich.
3. Tim hofft, **dass** er schnell mit den Hausaufgaben fertig wird.
4. Verflixt, so wird **das** nichts!
5. **Das** wird eine tolle Geburtstagsparty, **das** ist doch klar!
6. Auf **das** Straßenfest, **das** wir im Sommer veranstalten wollen, freuen sich alle.
7. **Das** Motorrad macht einen schrecklichen Lärm.
8. Jeder weiß, **dass** Gemüse gesund ist.
9. Das Computerprogramm, **das** Amelie gerade neu installiert hat, stürzt ständig ab.

Aufgabe 14

misslingen, Missklang, misshandeln, Missgeschick, missbrauchen, missachten, Missverständnis, Missgestalt, Missmut, missbilligen, Misston, Missgunst, missdeuten, Missernte, missfallen, missraten

Aufgabe 15

Singular	**Plural**	**Genitiv**
das Gleichnis	die Gleichnisse	des Gleichnisses
das Ärgernis	die Ärgernisse	des Ärgernisses
das Ereignis	die Ereignisse	des Ereignisses
das Bildnis	die Bildnisse	des Bildnisses
das Bündnis	die Bündnisse	des Bündnisses
das Erlebnis	die Erlebnisse	des Erlebnisses
das Ergebnis	die Ergebnisse	des Ergebnisses
das Zeugnis	die Zeugnisse	des Zeugnisses
das Verzeichnis	die Verzeichnisse	des Verzeichnisses
das Verhängnis	die Verhängnisse	des Verhängnisses

Aufgabe 16

misstrauisch, geheimni**s**voll, Ruck**s**ack, vermi**ss**en, Erlebni**s**park, Wildni**s**, Le**s**eratte

Aufgabe 17

Ein Mi**ss**geschick

Mi**ss**mutig **s**ortierte ein Maler seine Bildni**ss**e. Plötzlich pochte es drau**ß**en an die Tür. Mi**ss**billigend stie**ß** er mit seinem Fu**ß** auf den Boden. Dabei lie**ß** er das Bild einer Flu**ss**landschaft fallen. Er stürzte zur Tür und ri**ss** sie auf. Die Briefträgerin grü**ß**te ihn und reichte ihm zwei rie**s**ige Briefe. In einem waren **sechs** Bücherverzeichni**ss**e, im andern einige Erla**ss**e des Finanzamte**s**. Die**s**e**s** Erlebni**s** lehrte ihn, künftig nicht so aufbrau**s**end zu **s**ein.

Aufgabe 18

Nu**ss**knacker, Erkenntni**s**, **s**ieben Zwerge, Gie**ß**kanne, mi**ss**verstehen, gro**ß**, Pau**s**e, Schlu**ss**, Gra**s**halme, bi**ss**chen

Aufgabe 19

Fahre ohne Ha**s**t zur Schule, denn du ha**s**t noch genügend Zeit; einen Unfall ha**ss**t schließlich jeder!

Der Urlauber rei**s**t gerade ab, da rei**ß**t ihm ein Dieb die Tasche aus der Hand.

La**ss**t mir die schwere La**s**t nicht fallen!

„Lie**s** mir ein Märchen vor!", bat die Vierjährige, doch Großmutter lie**ß** sich nicht erweichen.

Der Vielfra**ß** i**s**t zufrieden, wenn er gut i**ss**t.

Der Polizist hätte den Einbrecher fa**s**t gefa**ss**t.

Lena lief bi**s** ans Tor, dort bi**ss** sie der Hund ins Bein.

4 Gleich und ähnlich klingende Vokale

Aufgabe 1

e	ä
Heringe	Spezialitäten
Krebse	Gläsern
quellfrisch	bärenstark
Forellen	märchenhaft
Gewürzbeeren	Äquatorfisch
Filet	Fischbällchen
Seefelchen	Gräten
	kräftig

Aufgabe 2

Schädlinge
beschädigen — Schaden
schädlich

Geldfälscher
fälschlicherweise — falsch
verfälschen

Vertretung
Tretmühle — treten
vertretbar

Aufgabe 3

H**a**hn	H**ä**hnchen
Zw**e**rg	Zw**e**rge
Kr**a**nz	Kr**ä**nze
F**e**der	F**e**derchen
w**a**schen	W**ä**sche
Apfel	**Ä**pfel
Sch**a**le	Sch**ä**lchen
Pf**e**rd	Pf**e**rdchen

Aufgabe 4

Trägheit	Grätschsprung	Säbelklinge
Dämmerung	Märchenfee	Mädchenkleid
Dämlichkeit	Schädelbruch	Spähtrupp

Aufgabe 5

z	ä	h											
Ä	h	r	e										
f	ä	h	i	g									
g	ä	h	n	e	n								
b	e	h	ä	b	i	g							
h	ä	s	s	l	i	c	h						
h	ä	t	s	c	h	e	l	n					
a	l	l	m	ä	h	l	i	c	h				
S	ä	b	e	l	s	p	i	t	z	e			
H	u	n	d	e	g	e	k	l	ä	f	f		
P	a	p	a	g	e	i	e	n	k	ä	f	i	g

Aufgabe 6

eu	**äu**
Streusel, feurig, heute, Beutel, Teufel	täuschen, Säugling, läuten, häufig, häuslich

Aufgabe 7

sauer - säuerlich
Tausch - täuschen
kaufen - Käufer
außen - äußern
Haus - häuslich
sauber - säubern
neu - Neuling;
rauschen - Geräusch
bauen - Gebäude
Haufen - häufig
saugen - Säugling

Aufgabe 8

Bäuche, Freunde, Bäume, Fäuste, Gäule, Flugzeuge, Kräuter, Läuse, Schläuche, Sträucher, Sträuße, Mäuse, Räume, Häuser, Häute, Bräute

Aufgabe 9

Daumen - Däumchen
Pflaume - Pfläumchen
Beutel - Beutelchen
Schaufel - Schäufelchen
Freund - Freundchen
Taube - Täubchen
Teufel - Teufelchen
Strauß - Sträußchen
Mauer - Mäuerchen

Aufgabe 10

H**eu**te war ein gr**äu**lich verhangener Novembertag. Einige L**eu**te entdeckten kurz nach dem Mittagsl**äu**ten einen Toten. Er lag unter B**äu**men im Park und war teilweise durch Tierh**äu**te verdeckt: Eine Verk**äu**ferin verständigte die Polizei. Kurz darauf erschien ein Polizeil**eu**tnant, um die Gr**äu**eltat zu untersuchen. Der unbekannte Ermordete ist 1,72 m groß, hat br**äu**nliches Haar und trägt einen gr**äu**lichen Pullover zu bl**äu**lichen Jeans. Die Bevölkerung wird um Mithilfe bei der Aufklärung dieses gr**äu**lichen Verbrechens gebeten.

Aufgabe 11

ei	ai	ay
eins, ein, Ei, Beil, eilen, nein, sein	Rain Bai Laib	Bayer Oberbayern

Aufgabe 12

Jamaikarum
Brotlaib
Kaimauer
Detailplan
Maisfeld
Geigensaite
Buchenhain
Taillenweite

Aufgabe 13

Hafenbai
Futtermais
Wegrain
Froschlaich
Halbwaise
Brotlaib
Kaimauer
Kaiserkrone
Haifisch

Aufgabe 14

		M	A	I	S		
		M	A	I			
		K	A	I	S	E	R
		K	A	I			
		W	A	I	S	E	
		R	A	I	N		
		M	A	I	N		
L	A	K	A	I			
		H	A	I			
		L	A	I	E		
		L	A	I	C	H	
		L	A	I	B		
		M	A	I	N	Z	
		K	A	I	N		

Aufgabe 15

weihen – weilen – heilen – feilen – teilen – zeigen – neigen – reiten – reizen – reißen

Wanderung im Mai

Aufgabe 16

Wanderung im M**ai**

An einem Morgen im M**ai** rüsteten wir uns für **ei**ne Wanderung.
Ein L**ai**b Bauernbrot, harte **Ei**er und f**ei**ne S**ai**ten-
würste kamen in den Rucksack. Die Butter wurde in **ei**ner Dose verpackt
und in **ei**n feuchtes Tuch gewickelt.
Vorb**ei** an W**ei**den, W**ei**zen- und M**ai**sfeldern strebten
wir den Bergen zu. Klatschmohn und Löwenzahn säumten Wege und
R**ai**ne. Die H**ai**nbuchen und Birken z**ei**gten zartgrünes Laub.
An **ei**nem stillen W**ei**her wurde **ei**ne kl**ei**ne Rast
eingelegt. Aus dem Froschl**ai**ch waren ber**ei**ts Kaulquappen
geschlüpft. Z**ei**sige und Blaum**ei**sen erfreuten uns mit ihrem
Gezwitscher.
Nach **ei**ner W**ei**le ging es st**ei**l bergan und mir brach bald der
Schw**ei**ß aus.
Als wir den Gipfel erre**i**cht hatten, wurden wir durch **ei**nen herrlichen
Ausblick über das w**ei**te Land für unsere Mühen belohnt. Die Luft war an
diesem Tag so r**ei**n und klar, dass man die Alpenkette vom Hochrh**ei**n
bis nach B**ay**ern erkennen konnte.

5 Gleich und ähnlich klingende Konsonanten

Aufgabe 1

ks	x	chs	gs	cks
Kokses	Hexerei	Echse	flugs	Klecks
links	kraxel	sechs	rings	knackst
	Hex'	Dachs		
	Hexenbuch	Lachs		
	Nixe	Fuchs		
	Mixtur	Luchs		
	Text			

Aufgabe 2

Explosionsgefahr
Wirtschaftsexperte
Fixstern
Extrablatt
Exportkaufmann
Luxusjacht

Streitaxt
Foxterrier
Arztpraxis
Hexenbesen
Boxkampf
Fremdwörterlexikon

Aufgabe 3

Keks, schlaksig, Koks, murksen, links

Aufgabe 4

unterwegs - Weg
anfangs - Anfang
mittags - Mittag
rings - Ring
Anhängsel - hängen
allerdings - Ding
flugs - Flug
längs - Länge
tagsüber - Tag

Aufgabe 5

zwecks - Zweck
augenblicks - Augenblick
hinterrücks - Rücken
Klecks - kleckern
Knacks - knacken
Knicks - knicken
tricksen - Trick

Aufgabe 6

f	v	ph
frische	Vanilleplunder	Phlox
fantastisch	Vesperlaib	
feine	Vollkornbrot	
saftige	Vierfruchtmarmelade	
Frühzwetschgen	Vollmilchschokolade	
	Vorderschinken	

Aufgabe 7

Filz, Fett, Vater, Fahne, Farm, Fibel, Vetter, Fach, Flocke, Flut, Vase, Faden, Fisch, Veilchen, Fest, Fall

Aufgabe 8

verlassen, verheilen, verdunkeln, verfeinern, verkürzen, verfluchen, verhungern, verbessern, verspotten, veredeln, verbittern, verreisen, vertiefen, vertauschen, vereinigen, verbessern, verfaulen, verehren, verkleinern, verspäten, verrosten, verenden

Aufgabe 9

die Versammlung, das Vollkornmehl, das Vorderrad, der Verkehr, der Verbrauch, der Verdacht, das Vorderteil, die Vorderachse, die Vorsilbe, der Vollbart, das Versteck, der Verrat, der Verband, die Vergangenheit, die Vollmilch, der Vollmond, der Vorturner, das Vertrauen, die Vorfreude

Aufgabe 10

Violinspieler	Vereinsvorstand
Veilchenduft	Vulkanausbruch
Liedvers	Burgverlies
Vogelscheuche	Versandgeschäft
Volkszählung	Vesperbrot
Lichtbildervortrag	Vorratskammer
Viehmarkt	Vaterland
Vanillepudding	

Aufgabe 11

Graphik	-	Grafik
Mikrophon	-	Mikrofon
Phantasie	-	Fantasie
Symphonie	-	Sinfonie
stenographieren	-	stenografieren
telegraphieren	-	telegrafieren
Delphin	-	Delfin
Paragraph	-	Paragraf

Aufgabe 12

Die erste **F**ahrstunde

Heute hat **Ph**ilipp die erste **F**ahrstunde hinter sich gebracht. Als er ins **F**ahrzeug stieg, war er recht ner**v**ös. Der **F**ahrlehrer aber sorgte **f**ür eine entspannte Atmos**ph**äre. Als an einer Ampel die Grün**ph**ase kam, würgte **Ph**ilipp den Motor ab. An einer ge**f**ährlichen Kreuzung beachtete er die **V**or**f**ahrt nicht und es hätte fast eine Katastro**ph**e gegeben. Zum Glück war der **F**ahrlehrer au**f** alles ge**f**asst.

Schließlich kamen sie in die Außenbezirke der Stadt und der **V**erkehr wurde ruhiger. Hier musste **Ph**ilipp **v**orwärts und rückwärts **f**ahren. Dabei stieß er einmal mit dem **V**orderrad an den Bordstein.

Am Schluss der **F**ahrstunde war **Ph**ilipp **f**ix und **f**ertig.

6 Groß- und Kleinschreibung

Aufgabe 1

Nomen als ein Wort	Nomen mit den Nachsilben -heit, -keit, -sal …	Nomen als zusammengesetzte Wörter
die Zwillinge	das Angebertum	der Auftrieb
die Woche	die Freundschaft	der Selbstbetrug
die Brüche	die Dummheit	der Dickkopf
der Krebs	das Erlebnis	die Jungfrau
das Temperament	das Schicksal	die Vorsätze
der Lauf	die Überheblichkeit	der Umgang
der Löwe	die Beherrschung	der Hochstapler
die Tage		
der Grund		
der Umgang		
das Geld		

Aufgabe 2

Die Radtour

Die Schülerinnen und Schüler **der** Klasse 6c unternahmen **eine** Radtour. **Das** Ziel waren **die** Burgen in **der** Umgebung. Alle hatten **das** Fahrrad schwer bepackt. Bei Sonnenschein ging es mit heiterer Gelassenheit los. Bald wurde **die** Gruppe stiller. **Die** Sonne brannte vom Himmel. **Der** Durst wurde immer größer. **Ein** Mädchen hatte **eine** Reifenpanne, **ein** Junge stürzte vom Rad. **Die** Stimmung wurde gedrückt. Um keine Mutlosigkeit aufkommen zu lassen, legte **die** Gruppe **eine** Ruhepause ein.

Aufgabe 3

Eigenschaft, Grafschaft, Mannschaft, Bürgschaft, Freundschaft, Gemeinschaft; Eitelkeit, Einigkeit, Sauberkeit, Tapferkeit; Rinnsal, Scheusal, Schicksal, Mühsal, Labsal, Trübsal; Feigling, Bückling, Sperling, Zögling; Kühnheit, Torheit, Dummheit, Gesundheit, Frechheit, Klugheit; Landung, Prüfung, Impfung, Heizung; Bildnis, Erlebnis, Hemmnis, Zeugnis; Irrtum, Siechtum, Brauchtum, Eigentum, Altertum, Reichtum

Aufgabe 4

Kennzeichen
Leitplanke
Fahrschule
Buntspecht
Graumeise
Rotkehlchen
Vielfraß
Rückweg
Überschrift

Aufgabe 5

Einhorn
Rennrad
Treibstoff
Vorsicht
Weichkäse
Edelmetall
Selbstsucht
Hochhaus
Schleifmaschine
Buntspecht
Eigentor
Blaulicht

Aufgabe 6

Nutzung, **W**indmühlen, **B**ergen, **W**üsten, **E**rwärmung, **L**andesinnere, **V**erhältnisse, **J**ahren, **I**rrtum, **V**ersorgung

Aufgabe 7

- Ihr Schimpfen (**2**) wird ihnen nichts nützen.
- Mit Zittern (**4**) hat er seine Prüfung bestanden.
- Gründliches Nachdenken (**3**) und sorgfältiges Arbeiten (**3**) führt rascher ans Ziel als gedankenloses Handeln (**3**).
- Das Bellen (**1**) des Hundes erschreckt den Dieb.
- Geistesgegenwärtiges Bremsen (**3**) verhinderte schon manchen Unfall.
- Beim Schreiben (**4**) musst du dich konzentrieren.
- Der hat ja von Tuten und Blasen (**4**) keine Ahnung.
- Das war ein Sausen und Brausen (**1**)!

Aufgabe 8

Verb als Nomen mit Artikelwort	Verb als Nomen mit Pronomen	Verb als Nomen mit Adjektiv	Verb als Nomen mit Präposition
das Herum- strolchen das Sitzen	sein Bellen dein Können dieses Pauken	tolles Leben gutes Gelingen lautes Jammern	zum Lernen beim Klettern

Aufgabe 9

Unser **Singen** erfreut die Zuhörer. Schönes **Singen** ist ein Genuss. Kannst du nicht dein **Singen** bleiben lassen? Kannst du gut **singen**? Er störte die Nachtruhe der Nachbarn durch lautes **Singen**.

Manche Leute **denken** zu wenig. Schnelles **Denken** führt zum Erfolg. Erst **denken**, dann handeln! Beim **Denken** will man nicht gestört werden. Ich werde an dich **denken**.

Wir **spielen** im Garten. Die Kinder sind beim **Spielen**. Willst du mit mir **spielen**? Hast du Lust zum **Spielen**? Heute will ich mit meinen Freunden **spielen**.

Das **Wandern** ist des Müllers Lust. Zum richtigen **Wandern** gehört festes Schuhwerk. Der Albverein geht am Sonntag **wandern**. Häufiges **Wandern** hält dich fit und gesund. Beim **Wandern** haben wir schon viele schöne Erlebnisse gehabt.

Aufgabe 10

nominalisiertes Adjektiv mit Artikelwort	nominalisiertes Adjektiv mit Pronomen	nominalisiertes Adjektiv mit Präposition	nominalisiertes Adjektiv mit Numerale
das Besondere das Prächtigste	unser Bestes	ins Ungewisse ins Blaue vom Wundervollen	etwas Exotisches etwas Heiteres und Unbeschwertes

Aufgabe 11

Unsere Klasse ist ein bunt zusammengewürfelter Haufen. Das erkennt man schon daran, dass viel **Buntes** die Wände schmückt. An der Seite neben der Tür hat jeder **Einzelne** ein Foto von sich aufgehängt. Unsere **Älteste** heißt Mathilde. Sie ist nicht die **Größte**, sondern fast die **Kleinste**.
Die **allerkleinste** Schülerin heißt Emily, aber wir nennen sie nur Emmy. Emmy ist im Turnen die **Beste**. Dann ist da noch Jana. Sie hält sich für die **Schönste** von allen, denn sie ist ein bisschen eitel. Das nervt manchmal. Aber sie ist auch die **Hilfsbereiteste**. Sie ist die **Einzige**, die immer Zeit hat, wenn wir sie um Hilfe bitten.
Der **Jüngste** bei uns heißt Paul. Er hat im **Allgemeinen** die **besten** Ideen, wenn es darum geht, sich etwas **Neues** auszudenken. Das **Verwirrende** ist, dass er manchmal so viel **Verrücktes** erzählt, dass ihn keiner verstehen kann. Zum **Witzigsten**, was er so tut, gehören die Filmszenen, die er uns immer vorspielt. Das **Lustigste**, was er uns bisher geboten hat, war eine Verfolgungsjagd mit sich selbst. Alle, **Große** und **Kleine**, haben sich vor Lachen den Bauch gehalten.

Aufgabe 12

nichts Gutes, etwas Gutes, wenig Gutes, viel Gutes, alles Gute
das Blau, nichts Blaues, etwas Blaues/Blau, wenig Blaues/Blau, viel Blaues/Blau, alles Blaue
das Schöne, nichts Schöne, etwas Schöne, wenig Schönes, viel Schönes, alles Schöne
das Wahre, nichts Wahres, etwas Wahres, wenig Wahres, viel Wahres, alles Wahre

Aufgabe 13

Wenn er zahlen muss, trifft es keinen **Armen**. Besser **arm** und gesund, als reich krank. Er hat vielen **Armen** geholfen.

Charlotte kauft einen **schönen** Sommerhut. Sie ist allem **Schönen** zugetan. Wir haben im Urlaub viel **Schönes** erlebt. Sei **schön** brav!

Das **Finstere** der Nacht bedrückt mich. Die **finstere** Nacht wirkt unheimlich. Im **Finstern** fürchte ich mich. Im Keller ist es kalt und **finster**.

7 Silbentrennung

Aufgabe 1

drü-cken-de
land-wärts
knis-tern-de

Aufgabe 2

Ger-das Sieg

Es war ein kal-ter Mor-gen. Un-se-re Schul-mann-schaft fand sich den-noch pünkt-lich auf dem Sport-platz ein. Die geg-ne-ri-sche Mann-schaft aus A-dorf war schon da. Nach ei-nem ers-ten Warm-lau-fen wur-den die Start-num-mern ver-ge-ben. Ger-da zog die Fünf. Dann zeig-te sie ihr Kön-nen an den Hür-den; sie lief nicht, sie flog bei-nah. Ver-dien-ter-ma-ßen er-rang sie den ers-ten Platz. Pe-tra, ih-re hart-nä-ckigs-te Kon-kur-ren-tin, blieb um zwei Zehn-tel ab-ge-schla-gen. Pe-tra mein-te, dass sie Pech beim Star-ten hat-te. Die-se Zehn-tel-se-kun-den will sie das nächs-te Mal he-rein-ho-len … Es ist ein be-glü-cken-des Ge-fühl, dass un-se-re Schu-le fast dop-pelt so vie-le Ur-kun-den er-run-gen hat wie die Geg-ner aus A-dorf.

8 Getrennt- und Zusammenschreibung

Aufgabe 1

Regel 1	Regel 2	Regel 3
einmalig wissbegierig mehrstündig	dummdreist sattblau nasskalt	jahrelang wetterfest schlagfertig aufschlussreich humorvoll

Regel 4	Regel 5	Regel 6	Regel 7
wandern lernen	vonnöten sein zufrieden sein	bayerisch essen	Allgäuer Alpen

Aufgabe 2

himmelblau, steinalt, stahlhart, messerscharf, schneeweiß, federleicht, glasklar, eiskalt, grasgrün, butterweich, kugelrund, blutrot

Aufgabe 3

lauwarm, tiefblau, süßsauer, dunkelrot, bitterkalt, altehrwürdig, nebligtrüb, zartgliedrig

9 Zeichensetzung

Aufgabe 1

Heute ging die bestellte Sendung ab. Die Zustellung erfolgt per Bahnfracht.
Bitte Vorsicht beim Auspacken! Beachten Sie dabei die beigefügte Anleitung!
Transportschäden sind innerhalb von drei Tagen nach Erhalt zu melden.
Wann dürfen wir mit Ihrer nächsten Bestellung rechnen?

Aufgabe 2

1. Das Hochhaus, das/welches 36 m hoch ist, steht am Stadtrand.
2. Das Buch, das/welches Klara gerade liest, ist interessant.
3. Der Ballon, der/welcher bunte Reklame trägt, gewinnt an Höhe.
4. Das Auto, das/welches gestern stehen geblieben ist, wird repariert.

Aufgabe 3

Die Katze klettert auf den Baum, da sie verfolgt wird.
Er läuft durch den finsteren Wald, obwohl er sich fürchtet.
Peter weint, weil er sich das Knie verletzt hat.
Tina geht in die Schule, obwohl sie Kopfweh hat.
Christine geht zum Arzt, weil sie sich krank fühlt.
Klaus hofft, dass er den Zug nicht verpasst.

Aufgabe 4

Mutter, Vater, Oma und meine Schwester haben mir eine neue Schultasche geschenkt. Ich packe das Lesebuch, das Rechenbuch, das Sprachbuch, das Mäppchen und alle meine Hefte in den Ranzen. Am ersten Tag nach den Ferien haben wir Mathematik, Englisch, Sport und Erdkunde. Ich komme vor der Schule an, die Schulglocke läutet und der Hausmeister schaut mich vorwurfsvoll an. Im letzten Augenblick husche ich in die Klasse, schon kommt unsere neue Lehrerin und begrüßt uns schneidig.

Aufgabe 5

Der aufgeblasene Frosch

Ein Frosch hockte bei seinen Kindern im Sumpf, als er einen Ochsen erblickte, der am Ufer sein Futter suchte. Da wollte er auch so groß sein und blies sich auf, so stark er nur konnte. „Bin ich nun so groß wie der Ochse?“, fragte er. „Nein“, antworteten die Kinder. Da blies sich der Frosch noch stärker auf und fragte abermals: „Bin ich jetzt so groß?“ – „Noch immer nicht“, antworteten die Kinder. Da blies sich der Frosch mit solcher Gewalt auf, dass er zerbarst.

(Äsop)

Quellennachweis

Textquellen:
S. 32:
Irmela Brender, Vom Küchenjungen in Dornröschens Schloss.
In: Neues vom Rumpelstilzchen und andere Hausmärchen von 43 Autoren, gesammelt von H.-J. Gelberg, Weinheim-Baseln (Beltz & Gelberg) 1976 (gekürzter Text).
Rechte bei der Autorin.

Bildquellen:
12, 97 Thinkstock (PrettyVectors), München; **24.1** Adobe Stock (sehbaer_nrw), Dublin; **24.2** Adobe Stock (Yaruniv-Studio), Dublin; **24.3** Adobe Stock (golubovy), Dublin; **24.4** Adobe Stock (vencav), Dublin; **24.5** Adobe Stock (antonbelo), Dublin; **24.6** Shutterstock (William Perugini), New York; **24.7** Adobe Stock (Stanislav), Dublin; **24.8** Adobe Stock (niyazz), Dublin; **26.1** Adobe Stock (laplateresca), Dublin; **26.2** Adobe Stock (Kzenon), Dublin; **26.3** Adobe Stock (Africa Studio), Dublin; **26.4** Adobe Stock (Michael Neuhauß), Dublin; **33.1** Adobe Stock (yurchello108), Dublin; **33.2** Thinkstock (photoknot), München; **33.3** Shutterstock (Jamen Percy), New York; **33.4** Adobe Stock (Goffkein), Dublin; **33.5** Adobe Stock (float), Dublin; **33.6** Adobe Stock (Coprid), Dublin; **33.7** Adobe Stock (Ljupco Smokovski), Dublin; **37.1** Adobe Stock (Valerii Zan), Dublin; **37.2** Adobe Stock (eyetronic), Dublin; **37.3** Shutterstock (taviphoto), New York; **37.4** Adobe Stock (Ellie Nator), Dublin; **37.5** Adobe Stock (AKF), Dublin; **37.6** Adobe Stock (robert), Dublin; **37.7** Adobe Stock (Markus Mainka), Dublin; **37.9** Adobe Stock (mamoeweb), Dublin; **37.10** Adobe Stock (euthymia), Dublin; **37.11** Adobe Stock (Pixelot), Dublin; **37.12** Adobe Stock (Xavier), Dublin; **37.14** Adobe Stock (elenaed), Dublin; **37.15** Getty Images (C.J. Burton), München; **37.16** Adobe Stock (Dionisvera), Dublin; **38** Adobe Stock (markus thoenen), Dublin; **47** Shutterstock (OZaiachin), New York; **48** Rau, Katja, Berglen; **53** Rau, Katja, Berglen; **65.1** Adobe Stock (Ines Meier), Dublin; **65.2** Adobe Stock (nikkytok), Dublin; **71.1** Adobe Stock (Gerrit de Vries), Dublin; **71.2** Adobe Stock (Alexander Potapov), Dublin; **72** Adobe Stock (ikostudio), Dublin; **75.1** Fotolia (Rawpixel), New York; **75.2** Adobe Stock (i-picture), Dublin; **75.3** Adobe Stock (Eigens), Dublin; **75.4** Adobe Stock (ExQuisine), Dublin; **79.1** Adobe Stock (FGWDesign), Dublin; **79.2** Adobe Stock (Racle Fotodesign), Dublin; **90.1** Adobe Stock (Farinoza), Dublin; **90.2** Adobe Stock (Roman Milert), Dublin; **105** Adobe Stock (stockphotograf), Dublin

Der Verlag hat sich nach bestem Wissen und Gewissen bemüht, alle Inhaber von Urheberrechten an Texten und Abbildungen zu diesem Werk ausfindig zu machen. Sollte das in irgendeinem Fall nicht korrekt geschehen sein, bitten wir um Entschuldigung und bieten an, gegebenenfalls in einer nachfolgenden Auflage einen korrigierten Quellennachweis zu bringen.

Stichwortverzeichnis

Sicher in...

Wissen + üben + testen – das Rundum-Sorglos-Paket

- → Wichtige Schlüsselthemen üben
- → Detaillierte Erklärungen und viele Beispiele zeigen, wie's geht
- → Mit vielen Aufgaben und Lösungen
- → **EXTRA: Abschlusstests online**

Sicher in Englisch Grammatik, 5./6. Klasse
ISBN 978-3-12-927619-8

Sicher in Englisch Grammatik, 7./8. Klasse
ISBN 978-3-12-927620-4

Sicher in Englisch Grammatik 9./10. Klasse
ISBN 978-3-12-927627-3

Sicher in Französisch Grammatik, 1./2. Lernjahr
ISBN 978-3-12-927617-4

Sicher in Deutsch Grammatik, 5./6. Klasse
ISBN 978-3-12-927613-6

Sicher in Deutsch Grammatik 7./8. Klasse
ISBN 978-3-12-927626-6

Sicher in Deutsch Rechtschreibung
5./6. Klasse
ISBN 978-3-12-927607-5

Sicher in Deutsch Rechtschreibung 7./8. Klasse
ISBN 978-3-12-927612-9

Diese und weitere Lernhilfen sind im Buchhandel erhältlich.
Weitere Informationen unter www.klett-lerntraining.de